丰碑永镌

高校场馆育人作用开发精品工作案例

王　罡◎主编

天津社会科学院出版社

图书在版编目（CIP）数据

丰碑永镌 ： 高校场馆育人作用开发精品工作案例 ／
王罡主编. -- 天津 ： 天津社会科学院出版社，2025. 6.
ISBN 978-7-5563-1088-3

Ⅰ. G641

中国国家版本馆 CIP 数据核字第 2025PE7795 号

丰碑永镌 ： 高校场馆育人作用开发精品工作案例
FENGBEI YONGJUAN ： GAOXIAO CHANGGUAN YUREN ZUOYONG
KAIFA JINGPIN GONGZUO ANLI
责任编辑：付聿炜
装帧设计：高馨月
出版发行：天津社会科学院出版社
地　　址：天津市南开区迎水道 7 号
邮　　编：300191
电　　话：（022）23360165
印　　刷：高教社（天津）印务有限公司
开　　本：710×1000　　1/16
印　　张：13.25
字　　数：180 千字
版　　次：2025 年 6 月第 1 版　　2025 年 6 月第 1 次印刷
定　　价：98.00 元

图1 "红旗班"学员"沉浸式打卡"　　图2 "红旗班"学员在革命丰碑展馆
革命丰碑展馆　　　　　　　　　重温入党誓词

图3（左）图4（右）"红旗班"学员化身"讲解员"在南开大学爱国主义
教育基地讲述爱国历史故事

图5 组织"红旗班"学员开展"海　　图6 "红旗班"学员开展"走！到田间
棠树下 绿美津城——田野上的思政　　地头去"学农助残研学实践活动
课"活动

图 7 马克思主义学院积极推进大中
小思政课一体化建设

图 8 青年思政课教师在新生社旧址
录制天津红色故事思政微课

图 9 思政教师带领学生与天津市盲
人协会在华为智能生活馆开展"科
技有爱 居家无碍"科技助残活动

图 10 思政课教师带领学生在革命丰
碑展馆进行现场教学

图 11 思政课教师带领学生在天津市
养老院开展向阳花开""粽"享安康
活动

图 12 思政课教师带领学生走进天津
广播《实践出真知》直播间介绍"大
思政课"实践行开展经验

图 13 思政课教师与辅导员同上一节大思政课

图 14 思政课教师在革命丰碑展馆讲解"百年辉煌"思政品牌课

图 15 思政课教师在觉悟社纪念馆开展大思政课教学

图 16 思政课教师在天开高教科创开园为学生讲授津门新质生产力

图 17 思政课教师在展馆为天津市第五十中学学生讲授天津红色故事

图 18 组织思政课教师编写天津红色故事案例 100 个、"四史"案例 168 个、抗疫事迹案例 64 个、科技攻关案例 71 个等在内的思政故事案例集

图 19 以红色建筑沉浸式体验的宣讲
模式讲述红色故事

图 20 红色建筑调研成果展示

图 21 红色班会学生代表发言

图 22 红色主题研讨交流

图 23 参观革命丰碑展览 感悟红色精神

图 24 开展红色主题班会

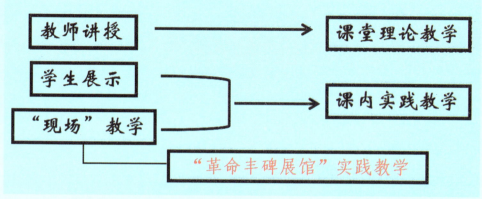

图25 思政课教师与辅导员同上一节大思政课

图26 思政课教师在革命丰碑展馆讲
解"百年辉煌"思政品牌课

图27 思政课教师在觉悟社纪念馆开
展大思政课教学

图 28 美术作品在竞赛中所获奖项

图 29 入选新华网新华思政示范课程

图 30 画展在媒体中的报道（1）

图 31 画展在媒体中的报道（2）

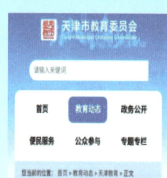

图 32　美术作品展在媒体的报道

图 33 学生美术作品入选"听党话，感党恩，跟党走
——天津市音乐、美术、书法、摄影、民间艺术网络主题作品展"

图 34　美术作品入选"听党话，感党恩，跟党走——主题文艺创作活动"

图 35　天津城建大学建筑学院教师在全国高校思想政治工作网发表文章

9

图 36（左）图 37（右）"城"不欺我的马老师抖音宣传页

图 38（左）图 39（右）"城"不欺我的马老师抖音作品

序　言

用红色资源培养人、用红色文化陶冶人、用红色精神激励人，是高校全面贯彻党的教育方针，解决好培养什么人、怎样培养人、为谁培养人这个根本问题的路径所在。党的十八大以来，以习近平同志为核心的党中央高度重视红色资源保护利用工作。习近平总书记多次强调要把红色资源利用好、把红色传统发扬好、把红色基因传承好。党的二十大报告提出，要"弘扬以伟大建党精神为源头的中国共产党人精神谱系，用好红色资源"。2024年2月2日，习近平总书记在天津考察平津战役纪念馆时强调，对中国革命战争史要学而时习之，珍惜来之不易的红色江山，发扬革命传统，增强斗争精神，勇于战胜前进道路上的各种艰难险阻。2024年3月18日，习近平总书记在考察湖南第一师范学院(城南书院校区)时指出，"一师是开展爱国主义教育、传承红色基因的好地方，要把这一红色资源保护运用好"。

在时代新人培育进程中，天津城建大学始终深入学习贯彻习近平总书记关于传承红色基因的重要论述，注重将红色资源融入思想政治教育。2021年，天津城建大学为庆祝中国共产党成立100周年，举办"革命丰碑——天津市红色旧址展览"。这是全国首创以红色旧址、遗址系统讲述地方党史和红色资源保护教育的红色教育基地，是在天津市委宣传部、市教育两委指导下，学校党委为深入贯彻落实习近平总书记对革命文物工作的重要指示精神和关于"大思政课"的重要指示批示精神，落实立德树人根本任务，充分发挥革命文物资源和建筑遗产保护方面的科研和教学优势，组建红色资源保护研究中心,体现多学科交叉研究特色,集德育、智育、美育、劳育于一体的天津市青少年爱国主义实践教育基地。

革命丰碑展馆以天津一百处重要红色旧址、遗址为主体,以新民主主义时期天津党史发展脉络为主线,大跨度、全景式地展示党领导天津人民进行新民主主义革命的壮阔历程和取得的伟大胜利,通过旧址测绘展示、多媒体展示、三维模型立体展示、720线上展示等方式,更加生动鲜活地用建筑遗址讲述红色革命故事,追溯红色记忆,传承红色文化,充分挖掘和发挥了红色资源在宣传党的光辉历史和伟大精神方面的重要作用。

依托革命丰碑展馆,学校凝练红色文化教学科研特色,将红色基因教育融入高校"大思政"育人格局,构建起全员全域协同的红色基因教育机制,产出了一大批高质量成果。出版了《天津百座建筑中的百年党史》等书籍,建立了天津市首个红色资源数据库,并组建了天津市首个红色文化遗产研究院,致力于打造辐射京津冀乃至有全国影响力的红色资源开发利用高地。展馆先后获批天津市青少年实践教育基地,天津市首批大中小学实践育人一体化精品线路,天津首批红色研学实践教育基地。截至2024年,展馆接待天津市委组织部、天津市委宣传部、天津市委党校、天津市大中小学等党政机关和社会各界共计千余个团队和八万余人参观学习和教育活动,展馆建设也得到了各级领导和社会各界的关心与重视,并对学校充分挖掘利用天津红色文化资源、传承红色基因给予高度评价和肯定。

此次编撰《丰碑永镌——高校场馆育人作用开发精品工作案例集》,正是学校基于革命丰碑展馆在开展思政课程和课程思政、红色文化传播以及实践育人方面取得的一系列成果,希望通过梳理、总结和凝练我们在利用红色资源,传播红色文化的工作中的一些好经验、好办法,让"三全育人"工作在时空轴上得到进一步延伸,在内涵建设得到进一步延展,切实办好"大思政课"。本书从课程科研、文化传播和社会实践三个角度,将内容划分为三大篇章,即课程科研育人模式创新、红色文化传播创新以及实践育人模式创新,共征集遴选出来自辅导员、思政课教师以及宣传工作干部的33篇优秀案例。第一篇课程科研育人模式创新部分,从思政课改革创新和课程思政建设两个角度介绍了在课程建设过程中的一些教学方法和创新路径;第二篇红色文化传播创新部分,则是从创新网络传播途径、打造红色故事宣讲品牌、策划主题宣传活动等不同切入点进行凝练总结;第三篇实践育人模式创新,则是结合思想政治工作实际,从育人路径和实践活动两个部分展示多个角度的实践育人成果,供参考借鉴。

　　红色场馆是征集、典藏、陈列、研究承载红色文化、蕴含红色基因的实物的场所,契合着"三全育人"工作核心的发展规律,是将红色资源融入时代新人铸魂工程的重要载体,也是广大青年学生学习党史、新中国史、改革开放史、社会主义发展史以及传播红色文化、弘扬民族精神、爱国精神的重要物质载体,蕴含着丰富的精神资源,是"三全育人"和"大思政课"的重要组成部分。我们将继续以红色资源作为青年学生思想政治教育和价值引领的重要抓手和生动素材,为区域发展、人才培养提供强大的精神力量,坚持用红色文化铸魂育人,让红色成为高校立德树人的鲜亮底色。

　　是为序。

2024 年 7 月

目　录

第一篇　课程科研育人模式创新

第二篇　红色文化传播创新

第三篇　实践育人模式创新

第一篇

课程科研育人模式创新

第一版块　思政课改革创新

案例1

铭记"革命丰碑"　传承红色血脉
——中国近现代史纲要课程校内实践教学活动

马克思主义学院　贾　鸽

实践教学是高校思想政治教育的重要环节,也是提升中国近现代史纲要课程教学实效性的重要落脚点。中国近现代史纲要课程充分利用学校革命丰碑展馆展出的天津红色文化资源,积极开展以"铭记革命丰碑 传承红色血脉"为主题的"四个一"校内实践活动,逐步形成线上讨论、课堂讲授、现场展示"三位一体"的校内实践教学模式。将天津红色文化资源有效融入课程实践教学,不但是对课程内容的丰富,而且有利于进一步传承和弘扬红色文化,能更好发挥红色育人的价值。

一、工作目标和思路

(一)工作目标

第一,围绕立德树人的价值导向,拓展思政课实践教学的广度。通过革命丰碑展,拓展立德树人的时空广度,引导青年学生在重温历史中回望初心,从革命先烈身上汲取力量,自觉学习继承革命传统和精神,以更加昂扬的姿态奋进新征程、建功新时代,努力成长为德智体美劳全面发展的社会主义建设者和接班人。

第二,围绕学思践悟的理论导向,挖掘思政课实践教学的深度。通过将革命丰碑展蕴含的红色文化、红色精神,与马克思主义理论深度融合,依托马克思主义理论感召青年,用社会主义核心价值观滋养青年,帮助学生实现从认识到实践、再从实践到认识的思想升华,深化对中国共产党、中国特色社会主义事业和对马克思主义理论的理论认同、情感认同和价值认同。

第三,围绕学用结合的问题导向,提升思政课实践教学的高度。坚持问题导向,运用历史唯物主义方法,引导学生寻找问题、分析问题、解决问题,培养青年学生聚焦现实问题、解决现实问题的意识和能力。

(二)工作思路

第一,优化实践教学的规划安排。坚持理论性和实践性相统一,按照纲要课教学进度安排,深度挖掘与各章节主题相关的红色资源,把思政小课堂同社会大课堂紧密结合起来。

第二,创新实践教学的内容形式。将红色资源有机融入实践教学内容,既用好现场参观等实践教学方式,又积极探索运用新媒体新技术,做到新旧结合,增强实践教学的时代感和吸引力。

第三,坚持实践教学的理念原则。坚持关心厚爱和严格要求相统一、尊重规律和积极引领相统一,教育引导青年正确认识世界,全面了解国情,把握时代大势。

二、实践方法和过程

(一)教学前任务部署

教师对课程实践教学进行整体安排,向学生详细讲解实践教学活动的策划方案,使学生了解和掌握"铭记革命丰碑 传承红色血脉"主题实践活动的意义及教学安排,知晓主题实践活动"四个一"活动,即集体制作一份展示天津红色文化资源的 PPT 课件,集体朗诵一首歌颂天津革命精神的原创诗歌作品,集体拍摄一部讲述天津革命故事的微电影,集体绘制一幅展示天津红色文化资源的绘画作品。

根据教师的安排,班级学生组成若干个实践活动小组,推选出小组负责人,进行小组成员具体工作分工,并在"四个一"实践活动中任意选取一个项目组织参与实践教学,做好实践活动过程记录。学生按小组精心制作实践教学作品,提交实践教学成果。

(二)实践教学进程

教师带领班级学生走进校内实践基地——革命丰碑展,介绍校内实践教学基地的基本情况,并对实践教学的整体安排进行说明,为学生创设实践作品展示的天津红色文化资源的情境,激发起学生展示实践作品的热情。

教师按照 PPT 课件、诗歌朗诵、微电影展播、绘画作品展示的顺序,组织学生在课堂上或者革命丰碑展馆内展示实践作品并分别进行点评,指出作品的优点和不足,并提出进一步修改完善的意见建议。每一项作品展示结束后,由班级各实践小组负责人组成的评审团按照教师先前制定的实践作品评分细则进行现场打分。

最后由教师对实践教学活动进行总结,在现场为获奖的团队和个人颁发奖状。后期,任课教师将学生提交的实践作品和成果进行分类存档,挑选出优秀的作品和成果结集出版,作为课程实践教学的"阶段性"成果。

表 1　革命丰碑展出的部分天津红色文化资源一览表

时间分期	天津红色文化资源	对应教材章节
中国共产党成立前后和大革命时期(1919 年 5 月–1927 年 7 月)	北洋大学—张太雷在津开展革命活动旧址(河北工业大学校史馆及北洋大学堂旧址)觉悟社旧址、女星社旧址、新生社活动地点旧址、中共天津地方执行委员会成立大会原址所在地、于方舟故居	第四章　中国共产党成立和中国革命新局面

时间分期	天津红色文化资源	对应教材章节
土地革命战争时期 （1927年8月- 1937年7月）	中共顺直省委机关原址所在地、 周恩来在津主持顺直省委扩大 会议期间活动旧址、 吉鸿昌旧居、 中共中央北方局旧址	第五章　中国 革命的新道路
全民族抗战时期 （1937年7月- 1945年8月）	盘山抗日根据地创立遗址 莲花峰七勇士跳崖遗址	第六章　中华 民族的抗日战争
解放战争时期 （1945年8月- 1949年9月）	平津战役前线司令部旧址、 解放天津会师纪念地、 天津市烈士陵园	第七章　为建立 新中国而奋斗

三、取得成效与经验

（一）主要成效

1. 参观展馆天津红色文化资源,增强学生"体悟"认知

天津是中国近代历史的缩影,觉悟社、女星社、于方舟故居、吉鸿昌旧居等红色遗址,不仅见证了中国革命战争的历史进程,更可以作为中国近现代史纲要课教学内容和素材的有益补充。通过在革命丰碑展馆参观,学生可以穿越历史,将教材中的内容与文化资源相印证,课本中原本枯燥的理论知识也会变得更加具体、形象。大学生可以从英雄人物的不畏牺牲中思考人生,从革命前辈的百折不挠中领悟信仰的力量;从历史事件和重大转折中重新认识近代以来中华民族伟大复兴的艰难历程,正确认识国家的前途和命运,树立对中国特色社会主义的道路自信、理论自信、制度自信、文化自信;进一步增强大学生拥护中国共产党的领导,以及接受马克思主义思想的自觉性。

2. 创新思想政治理论课教学模式,提高学生"主体"意识

传统思政课的主要授课方法是"老师讲、学生听"的单向度教学模式,学生课堂教学和实践教学参与度不高,不利于学生增强学习的主动性和积极性,思政课教学效果欠佳。在当前高校思政课教学模式改革创新的新形势新目标下,依托革命丰碑展的天津红色文化资源,积极探索新的思政课实践教学模式,实践教学在主题设置、矩阵联动、教学手段等方面向新媒体融合全面发力,横向拓展、纵向深耕,强化教师主导性和学生主体性。

(二)经验

1.“四个一”实践教学模式

依托天津革命丰碑展馆的红色资源,以小组的方式开展“四个一”校内实践活动,即集体制作一份展示天津红色文化资源的PPT课件,集体朗诵一首歌颂天津革命精神的原创诗歌作品,集体拍摄一部讲述天津革命故事的微电影,集体绘制一幅展示天津红色文化资源的绘画作品。以学生身边的天津历史为切入点,可以使学生产生亲切感,有助于学生更好地了解国史和国情;有助于培养学生正确的人生观、价值观和世界观;促使他们形成爱国主义情感和居安思危的忧患意识,激发大学生的历史使命感和责任感。

2.线上讨论、课堂讲授、现场展示“三位一体”实践教学模式

依托超星学习通平台,开展线上讨论,确定实践教学的主题和方式。完成实践作业后,进行课堂讲授或者现场展示,形成线上讨论、课堂讲授、现场展示“三位一体”的实践教学模式。将天津红色文化资源融入到课程实践教学中,使学生超越时间或者空间的局限,进入一个真实的历史情境中,进而大大拉近学生与本门课程之间的距离,增强中国近现代史纲要课程教学的现实感,引发学生的情感共鸣。

案例 2

追寻红色记忆　传承红色基因
——革命丰碑展里的思政"协奏曲"

马克思主义学院　荣文秀

2023 年 7 月 1 日,在庆祝中国共产党成立 102 周年之际,天津城建大学与天津西青开放大学、南开实验学校(中学部)、西青逸夫小学和南开区中心小学等五所学校的 70 余名师生,在天津城建大学革命丰碑展联合开展"追寻红色记忆 传承红色基因"观展活动。

天津城建大学马克思主义学院思政课教师以革命丰碑展中的 100 处天津市现存红色旧址为主体,以新民主主义革命时期天津党史发展脉络为主线,按照中国共产党成立前后和大革命时期、土地革命战争时期、全民族抗战时期、解放战争时期四个历史时期的时间线索,围绕革命丰碑展的重要人物、重要会议、重要事件,深入挖掘天津红色文化资源背后所蕴含的丰富的红色故事,多角度深入细致地讲述了天津党史,充分发挥了天津红色旧址在宣传党的光辉历史和伟大精神方面的重要作用,使在场的大中小学师生们加深了对天津红色文化资源的理解与认可。通过此次活动加强了天津城建大学与不同学段学校的联系,促进了教师之间、学生之间跨学科、跨学段的交流,为大中小学思政课教育一体化建设搭建了平台。

一、工作目标和思路

习近平总书记在党的二十大报告中指出,要"用好红色资源,深入开展社会主义核心价值观宣传教育,深化爱国主义、集体主义、社会主义教育,着力培养担当民族复兴大任的时代新人"①。立足天津红色文化资源,教育引导大中小学生赓续红色血脉、传承红色基因,以中国式现代化推进中华民族伟大复兴,是对培养什么人、怎样培养人、为谁培养人这一教育根本问题的现实回应,为推进新时代思政课建设指明了方向。

(一)善用天津红色文化资源,打造大中小学思政课教育
　　　一体化品牌

习近平总书记指出,"红色是中国共产党、中华人民共和国最鲜亮的底色"②,要用好红色资源,赓续红色血脉。以天津红色文化资源为依托,打造大中小学思政课教育一体化的红色文化传承组织体系。

1.加强整体筹划,打造红色文化研究品牌

依托天津城建大学革命丰碑展,成立了天津城建大学红色文化遗产研究院,构建天津红色文化资源数据库,举办系列主题红色文化学术研讨会和"行走的思政课"红色研学实践活动,积极与大中小学相关单位对接,推进天津红色文化资源与育人实践有机融合。

2.形成传播合力,打造红色文化传播品牌

天津红色文化传播要紧跟社会热点,完善媒体融合体系,结合大中小学不同学段教育特点进行融入。大中小学思政课教师要拓展思政育人空间,将学校官网、官方微信公众号、抖音、微信视频号和 B 站等打造成为一体化融媒体宣传平台,打造红色文化 IP 形象,形成大中小学生喜爱的红色文化品牌。

3.整合师资力量,打造红色文化教学品牌

借助天津城建大学革命丰碑展,通过大中小学"手拉手"协同备课、互

---

① 习近平:《高举中国特色社会主义伟大旗帜　为全面建设社会主义现代化国家而团结奋斗——在中国共产党第二十次全国代表大会上的报告》,《人民日报》2022 年 10 月 26 日。

② 《习近平在中共中央政治局第三十一次集体学习时强调 用好红色资源赓续红色血脉 努力创造无愧于历史和人民的新业绩》,《思想政治工作研究》2021 年第 7 期。

相听课评课赛课、教学研讨等方式,组织好大中小学思政课教师协同推进天津红色文化的传播与教育。选树一批红色课程优秀教师和教学团队,打造红色文化"思政金课",在教学实践中推进天津红色文化入脑、入心、入行,教育引导大中小学生追寻红色记忆,传承红色基因。

(二)善用天津红色文化资源,夯实大中小学思政课教育一体化建设

习近平总书记强调:"思政课是落实立德树人根本任务的关键课程,思政课作用不可替代,思政课教师队伍责任重大。"①思想政治理论课是推进红色文化入脑、入心、入行的有效渠道。立足天津红色文化上好思政课,是思政课教师的光荣使命。

1. 利用天津红色文化资源,丰富教学素材

素有"万国建筑博览会"之称的天津拥有丰富的红色文化资源,大中小学思政课教师可在天津城建大学革命丰碑展的基础上,以学校旧址、遗址为线索,挖掘、采集、整理学校旧址、遗址背后的红色文物、红色文献和红色故事等资源。系统整理红色文化资源,积极建设红色文化教学素材库和数据库,切实使天津红色文化资源成为讲好大中小学思政课的优质资源。

2. 立足天津红色文化资源,革新教学方式

大中小学思政课教师可创新教学方式方法,立足天津城建大学革命丰碑展,在话题讨论、课堂辩论、案例分析、情景表演过程中设置适当的议题,用天津红色故事、红色历史、红色人物教育引导大中小学生深刻认识中国共产党为什么能、马克思主义为什么行、中国特色社会主义为什么好。利用学生熟悉的网络平台打造网络思政、数字思政,通过 AR、VR 等技术实现场景再现、交互体验,生动传播天津红色文化。

3. 善用天津红色文化资源,拓宽教学场域

习近平总书记指出:"革命博物馆、纪念馆、党史馆、烈士陵园等是党和

---

① 习近平:《思政课是落实立德树人根本任务的关键课程》,《新长征(党建版)》2021年第 3 期。

国家红色基因库。"①天津的红色旧址和红色故事给思政教育提供了鲜活案例与教学场域。大中小学思政课教师应把思政小课堂同社会大课堂结合起来,可以将思政课堂搬到天津城建大学革命丰碑展,开展沉浸式思想政治教育,让不同学段的学生真切回顾天津党史,了解革命先烈的英雄事迹,缅怀革命先烈的丰功伟绩。

二、实践方法和过程

在此次观展活动中,天津城建大学主要采用三种育人模式,切实推动天津红色文化资源与大中小学思政课教育一体化建设深度融合,构建全员、全过程、全方位的红色文化教育体系,进一步深化不同学段思政课的育人功能,具体实施方法和过程如下:

(一)采用以情景体验触发情感共鸣的育人模式

以天津革命旧址、革命遗址、名人故居等为主的原址性场馆是天津红色文化资源数量最多的类型,如觉悟社旧址、北洋法政专门学堂遗址、吉鸿昌旧居等。此次观展活动中,天津城建大学马克思主义学院思政课教师通过一个个三维立体建筑模型、一张张不同历史时期的城市地图和一个个红色旧址背后的红色故事,为现场的70余名师生展现了生动的历史场景,提供了最贴合历史场景的参观体验,构建了沉浸式、体验式的观展环境,充分发挥出天津红色文化资源见证中共天津地方组织发展历程、振奋民族精神的重要作用。

(二)采用多元主体共建共享资源的育人模式

天津城建大学革命丰碑展依托建筑类高校特色和学科专业建设优势,建立了大中小学思政课教育资源共享、优势互补的一体化建设合作机制。此次观展活动中,天津城建大学联合天津西青开放大学、南开实验学校(中

---

①　习近平:《用好红色资源,传承好红色基因 把红色江山世世代代传下去》,《求知》2021年第6期。

学部)、西青逸夫小学和南开区中心小学等教学单位采用多元主体共建共享资源的育人模式,在资源展览、研学活动合作、学段衔接、教学课程设计等方面形成了统一的标准体系,充分发挥了革命丰碑展在推动大中小学思政课教育一体化建设中的重要作用。

(三)采用以数字科技创新为引领的育人模式

天津城建大学马克思主义学院思政课教师以革命丰碑展中的 100 处天津红色旧址背后的红色故事和革命精神为主要内容,整理了 100 个天津红色党史革命故事,在旧址现场拍摄了 100 个思政教学视频,成为思政课程的重要教学资源并在各大中小学校进行推广。此次观展活动中,天津城建大学运用以数字技术建成的天津市 430 处红色旧址信息数据库,不仅为天津红色文化资源的保存和传承提供了优质平台,更为大中小学思政课教学提供了丰富的理论资源。

三、取得成效与经验

此次观展活动充分发挥了天津城建大学的学科专业和资源优势,切实将革命丰碑展中的红色旧址所蕴含的红色文化资源转化为思政教育的显著优势,使其更有高度、深度和广度,打造思政教育亮丽名片,讲好天津故事,讲好中国故事。对于此次观展活动总结经验如下:

(一)推进课程目标一体化,提升思政教育的高度

针对不同学段和年龄的特点,注重不同年级层次之间红色文化教育的衔接性和进阶性,使得革命丰碑展中红色文化教育的内容既能匹配不同学段的学生特点和需求,又能和相邻学段相适应和衔接。在课程目标设置上,坚持循序渐进、螺旋上升的原则,小学阶段重在启蒙道德情感、初中阶段重在打牢思想基础、高中阶段重在提升专业素养、大学阶段重在增强使命担当,整体规划各级各类学校红色文化思政课的课程目标。

(二)探索教学方法一体化,提升思政教育的深度

不同学段的思政课教师一方面充分利用现代教育技术,丰富教学手段,

坚持线上线下相结合,提高了教学的互动性和趣味性。另一方面,利用革命丰碑展这一"活教材",让红色文化教育更有深度。通过充分挖掘天津红色文化资源,合理安排实践教学主题;通过"党史里的天津"红色研学营等系列实践活动,让红色文化教育不仅仅局限于校内的线下课堂,更是走了出去,充分发挥了"思政小课堂"和"社会大课堂"相融合的教育作用。

（三）加强队伍建设一体化,提升思政教育的广度

通过搭建不同学段之间思政课教师的一体化平台、加强大中小学思政课教师的交流与合作,充分发挥了不同学段的思政课教师在天津红色文化教育中的积极性和主动性,共同围绕天津城建大学革命丰碑展打磨教案。由天津城建大学牵头,联合不同小学、初中、高中、大学四个学段的思政课教师开展集体备课,充分发挥各学段教师优势,贴合不同学段学生特点,增强各级各类学校思政课的连续性、系统性、衔接性和进阶性。

案例 3

搭建"1-32"模式,以点带面打好思政课教学组合拳

马克思主义学院　贾晓璐

思政课是落实立德树人根本任务的关键课程,新时代提升思想政治理论教学效果,必须在"大思政课"视域下立足地区特色、专业优势来挖掘资源、搭建平台,推动思想政治理论课改革创新。

一、工作目标和思路

天津是一座历史文化名城,近代天津涌现出诸多仁人志士、发生过许多震撼人心的红色故事。为进一步将红色文化资源融入思政课教学,在革命丰碑展资源优势的支撑下,天津城建大学坚持"立足天津挖掘资源、发挥优势打造特色、教师主导学生主体"三个原则,搭建"1-32"教学模式,以点带面打好思政课教学组合拳:"1"是立足一个实践平台,发挥专业优势建设"革命丰碑——天津市红色旧址展览",为开展思政课沉浸式教学提供了丰富的资源以及更加立体的学习环境;"3"是以学生为中心下把握三个主体:学生个体、专业班级、学生社团;"2"是把握理论教学、实践教学两个渠道,打通课上课下。

二、实施方法与过程

(一)把握一个平台,多方向整合资源

立足1个实践平台"革命丰碑——天津市红色旧址展览",从不同思政

课角度挖掘红色资源服务教学。"革命丰碑——天津市红色旧址展览"是天津城建大学深入学习贯彻习近平总书记关于"用好红色资源,传承好红色基因,把红色江山世世代代传下去"①重要指示批示精神的有力行动,是学校传承红色基因、培育时代新人的重要教育阵地,是深化思政课教学改革、构建"大思政课"格局的重要平台,这一平台对于开展思政课教学具有"资源+环境+身份"三重优势。

"革命丰碑——天津市红色旧址展览"以天津市现存红色旧址为主体,精选了新民主主义革命时期 100 处具有代表性的旧址进行集中展示,在明确历史分期的基础上,提供了详实的历史案例与数据,为开展思政课教学提供了有力的理论资源支撑。

革命丰碑展览馆的建设为开展思政课教学的沉浸式体验提供了现实的环境,在理论教学的基础上,以"红"为底色,思政课教师组织同学们通过展馆内的"听、看、讲"等形式,在沉浸式参观讲解中让思政课实践教学更为鲜活和直观,带领同学们身临其境感受历史细节中蕴含的革命精神和信仰的力量,探索实现思想政治理论课实践化、微观化的有效途径。

有效提升了课堂的吸引力。"革命丰碑——天津市红色旧址展览"三维扫描、建模、测绘等工作都是由天津城建大学建筑学院的师生来完成的,是天津城建大学师生立足优势、发挥特长,实现专业发展与社会贡献相统一的生动案例,用实践阐述了习近平总书记所说的"小我融入大我"的价值取向与青春实践,在思政课的价值引领中具有"身边人、身边事"的亲切感和热乎劲儿。

"革命丰碑——天津市红色旧址展览"这 1 大思政资源平台为天津城建大学开展思政课教学提供了"资源+环境+身份"三重资源优势,为天津城建大学思政课教师积极探索教学创新新模式提供了多维支撑,在充分把握习近平总书记针对思政课改革创新提出的"坚持政治性和学理性相统一"的基础上,把握思政课的教材逻辑之"宗",按照课程体系,在完成知识梳理

---

① 《用好红色资源,传承好红色基因,把红色江山世世代代传下去》,人民网,http://dangshi. people. com. cn/n1/2021/0516/c436976-32104486. html。

的基础上,按照"视、听、说、论"等形式全方位应用的原则,充分挖掘大思政平台资源,进一步形成政治性学理性强、实践性吸引力高的特色课程设计。

（二）以学生为中心,准确把握学生主体三个主体切入

学生主体"3 切入"是指:在教师主导下的以学生为主体,从"个体＋集体"两个层次充分挖掘学生的主观能动性,提升学生在思政课程建设中的参与度、体验感和收获感,包括学生个体、专业班级、学生社团三个角度。

第一,学生个体。学生个体基础不同、性格存异,在思政课的学习中必须结合相应的激励措施,在尊重个体特殊性的基础上充分激发学生的积极性;第二,专业班级。思政课程往往是以班级或者专业为单位,在课程开展过程中,以班级专业为基础设置相应的课堂活动、实践作业,能够充分调动学生积极性,挖掘学生潜力,提升教学效果;第三,学生社团。学生社团是重要的学生活动平台,社团成员往往是比较活跃的学生个体,充分发挥学生社团以及成员"有想法、善组织、少带多"作用,在开展思政课实践中充分发挥学生主观能动性。

（三）两个渠道协同发力,提升思政课育人成效

"两个渠道"是指:理论教学和实践教学,应打通"理论、实践"两个渠道,充分挖掘革命丰碑展中蕴含的红色资源。

充分利用好课堂教学这个主渠道,提升学生的"理论亲切感"。开展思政课教学即坚持教学资源立足于、服务于课程教学目标的基本原则,以思政课课程框架为依托,以课程设计为立足点,开展革命丰碑的红色资源思的整理和运用,通过选取天津的人物、事件,让同学们更深切地感受到历史的鲜活,充分发挥好课堂教学在大学生思想政治教育中的主渠道作用。以中国近现代史纲要课程为例,在第六章"中华民族的抗日战争",以天津市和平区花园路 5 号吉鸿昌旧居为切入,通过抗日名将吉鸿昌的生平事迹,从细节刻画了天津地区抗日救亡运动的兴起以及中国共产党如何开展抗日活动,以同一片土地上的故事和人物为内容,缩短了同学们与历史发展和理论知识的距离感,引领同学们超越时空界限深刻把握中国共产党人的革命理想

与坚定信念。

把握实践教学路径提升学生的"实践参与感"。结合学生的课堂表现，将思政实践教学与第二课堂学生的实践活动紧密结合，构建"大思政课"，在课内外实践活动中提升同学们的参与感与获得感，并可将实践成果可反哺课堂教学。一方面，为增强以学生为主体的体验式和感悟式的教学效果，天津城建大学以中国近现代史纲要课程的实践教学为依托，以实践小组为单位，组织同学们开展革命丰碑展的现场讲解活动，通过案例选取、精准指导、现场讲授，在整个实践学习过程，老师只进行辅助性指导，所有的学习活动由讲解团的同学面向其他同学进行讲解教育，以学生带动学生的学习模式，很好地扭转了传统的"灌输式"教育模式。另一方面，把握课外实践，持续推进价值引领，如教师集体协作指导学生参加思政辩论赛、"互联网+"、"大学生思政公开课"等。以"大学生思政公开课"活动为例，在2023年的比赛中，同学们立足天津的红色故事，选举五四运动时期以周恩来、邓颖超为代表的天津青年，在活动中指导学生对思想政治理论课的某一部分知识进一步梳理，在革命丰碑纪念馆讲述近代中国青年的"无畏、有为"，并与时代需要相结合，并在感悟"五四精神"中传承历史使命，做到学以致用，实现"理论性与实践性相统一"的目标，通过以上方式实现以学生为主体，提升同学们的实践参与感以及对思想政治理论学习的兴趣。

三、主要成效和经验

为进一步检验实践成效，以依托"革命丰碑——天津市红色旧址展览"开展中国近现代史纲要课程教学为例，对课程中学习通的学生互动情况以及期末考试数据进行分析，具体效果以及经验总结如下：

（一）教师主导学生主体，可形成教学相长的良性循环授课路径

以天津城建大学革命丰碑资源为切入设置议题，通过"学习通"的通知、问卷调查、分组任务、作业等模块，可以实现以下目标：第一，及时获取学生对议题的参与度，及时选取学生参与度较高的议题进一步融入课堂教学，

整理相关思政资源与课程设计紧密结合,贯穿在课前、课中、课后的 3 个时段,形成思想政治理论课"抓住学生关注点—教师设计—知识讲授—学生思考—查漏补缺—师生共同提升"的教学相长良性循环路径,从而提升学生的学习积极性、参与感和获得感。通过以上"课前—课中—课后"的全过程教学的贯穿与呼应,在课前强化学生主动思考与探索意识;课中能够提升互动效果,深化知识理解;课后强化重难点学习、强化知识的系统性梳理、强化价值引领,从而提升思想政治理论课教学效果的持续性。

(二)浸润式教学,提升思想政治理论课教学效果的持续性

革命丰碑现场教学的浸润式体验,形成了课程讲授以及价值引领的升华,并且在开展思想政治理论课讲授之外,结合学生的课堂表现,将思政课与第二课堂以及学生的实践活动紧密结合,在活动中指导学生对思想政治理论课的某一部分知识进一步梳理,并与社会实践和时代需要相结合,做到学以致用,不仅打通了"课前—课中—课后"全贯通式引导,更是打破了传统思政课程受时空限制的不足,实现"理论性与实践性相统一"以及价值的持续引领。

**案例 4**

追随伟大足迹 赓续红色血脉

——"革命丰碑"+思政课

马克思主义学院 常宏梅

2024 年 2 月 1 日至 2 日,习近平总书记视察天津,深入农村、历史文化街区、革命纪念馆考察调研。习近平考察平津战役纪念馆时,强调对中国革命战争史要学而时习之,珍惜来之不易的红色江山,发扬革命传统,增强斗争精神,勇于战胜前进道路上的各种艰难险阻。习近平总书记也多次强调,红色资源是"最宝贵的精神财富",必须"用好红色资源,传承好红色基因,把红色江山世世代代传下去"①。

天津有着深厚的革命沃土、优良的革命传统和丰富的红色文化资源,是一座与红色基因融为一体的历史文化名城。讲好新时代思政课,及时融入城市当地特色,有助于提升课堂吸引力。讲好新时代思政课,要追随总书记足迹,及时将总书记的重要指示批示精神融入课堂教学,推动习近平新时代中国特色社会主义思想"进教材、进课堂、进头脑",有助于实现立德树人的根本任务。

一、工作目标和思路

解读一座城市的红色内涵,挖掘思政育人元素,不仅需要时间坐标,还需要空间坐标,不仅要停留在文字上,还需要付诸在场馆里。革命遗址、红

---

① 习近平:《用好红色资源,传承好红色基因 把红色江山世世代代传下去 》,《求知》2021 年第 6 期。

色纪念馆、党史馆等文博场馆机构是进行红色文化教育的重要平台。如何在"大思政课"综合改革中充分发挥红色场馆的育人功能,形成场馆育人新模式,一体化推进全员、全过程、全方位育人格局的构建,是"大思政课"建设中的一个重要课题。

（一）红色场馆育人是传承红色文化的需要

2024 年初,习近平总书记视察天津,考察了平津战役纪念馆,强调"对中国革命战争史要学而时习之,珍惜来之不易的红色江山,发扬革命传统,增强斗争精神,勇于战胜前进道路上的各种艰难险阻"①。革命博物馆、纪念馆、党史馆、烈士陵园等是党和国家红色基因库,承载着丰厚的育人元素,与"大思政课"综合改革有着深厚的耦合性。红色场馆育人正是坚守红色文化立场、方向的重要举措,深入挖掘并提炼出其特有的精神内涵、红色基因、榜样力量与时代价值,从而能够更好地彰显红色文化的独特魅力,激扬爱国主义深厚情感。

（二）红色场馆育人是适应新时代"大思政课"综合改革的需要

由于当代大学生的生活成长环境相较于革命年代已经发生了翻天覆地的变化,因而,让学生仅通过在教室里听取理论教学的方式理解百年革命奋斗史有一定难度。而某些红色场馆可以为"大思政课"建设提供广阔的教学场所,打破思政课教学的空间限制,让学生全方位、沉浸式体验某一历史事件的发生发展过程,提升思政课的育人实效。因而,推动思政课综合改革,需要充分发挥场馆育人作用。

（三）红色场馆育人是拓展思政课教学空间、提升铸魂育人
　　水平的需要

在"大思政课"视域下,以理论讲授为主的传统课堂教学已难以适应当下的教学需求。红色文化不仅是精神、思想、价值观等意识形态的要素,还包括承载着这些元素的物质形态,红色场馆是红色文化的主要载体和展示

---

① 《向全国各族人民致以美好的新春祝福 祝各族人民幸福安康 祝伟大祖国繁荣昌盛》,《人民日报》2024 年 2 月 3 日。

平台,且红色场馆育人的形式非常多样,这为思政课教学方式和内容的创新提供了灵活丰富的空间。我们通过积极探索,发挥天津城建大学专业特色,充分挖掘天津地方党史和红色资源,发掘建筑所蕴含的红色历史,进而打造了一座校内场馆——革命丰碑展馆,通过开展场馆里的思政课,让学生沉浸式体验天津的红色革命文化,拓展思政课课堂,提升育人实效。

二、实践方法和过程

(一)挖掘城市特色资源,打造革命丰碑展馆

"近代百年看天津",天津是最早接触近代西方文明的中国城市之一。这里见证了中国共产党领导天津人民为争取民族独立、人民解放而英勇斗争的历史,留下了许多珍贵的革命旧址。如今,这一幢幢红色建筑成为党史学习教育"活的记忆"。为了让这些"活"的红色历史记忆流淌出来,天津城建大学深入贯彻落实习近平总书记关于用好红色资源的重要指示精神,2019 年 9 月,组织师生启动对天津市革命遗址的测绘和资料整理工作,用最新的建筑测绘技术和丰富详实的城市历史研究,丈量出天津 430 余处红色旧址的前世今生,把成果呈现在新近推出的"革命丰碑——天津市红色旧址展览"中,用一个个三维立体建筑模型和一张张不同历史时期的城市地图,讲述砖瓦草木背后,百年党史走过的风雨沧桑。

(二)发挥思政课教师作用,上好场馆里的思政课

革命遗址、党史馆、红色纪念馆等红色场馆,作为红色育人的鲜活载体,具有独特的感染力,能够以最直观、生动的方式引发学生的情感共鸣。天津城建大学马克思主义学院,积极探索、改革创新,将思政课堂搬到了革命丰碑展览馆,充分发挥场馆育人重要作用。充分发挥理论宣讲、阐释和思政课思想政治教育主渠道的作用,组织思政课教师整理 100 个天津红色案例,拍摄了 100 个现场口述史视频,录制了红色故事声播,培育了 20 多名思政课教师成为革命丰碑展馆的讲解员,每学期 4000 名学生在革命丰碑展开展现

场思政课教学,同时还围绕"革命丰碑展"设计了大中小学红色研修路线。革命丰碑展馆里的思政课,让学生沉浸式感悟革命前辈救国救民的英勇事迹,提升红色育人对青年学生的感染力、震撼力和吸引力。

(三)深化思政课改革创新,提高育人工作实效

以"大思政课"建设为抓手,不断深化思政课的改革创新,提升育人工作实效。在上好展馆里的思政课的同时,还要举一反三,不断探索实践,持续发挥红色育人的资源优势,延伸教育半径,拓展教学时空,构建观、学、游、研、演、创"六位一体"的红色育人模式,让青年学生在传承中强化认知,在生活中体悟践行,在文化中滋养浸润,在实践中淬炼坚守,变被动为主动,变训话为引领,打造起立德树人"强磁场"。不仅通过红色场馆育人,还可以开拓红色研学育人、红色影视育人、红色校园育人等多种路径。把思政小课堂同社会大课堂有效结合,引导青年学生走进祖国大好河山,走进城乡基层一线,走进文物古迹遗址,寓教于游、寓育于乐,培铸爱国主义和革命传统教育的"根"与"魂"。

三、取得成效与经验

"革命丰碑"+思政课的探索,通过挖掘本地红色育人资源,发挥学校特色和专业优势,打造红色场馆,拓展思政课堂,提升育人实效的创新实践,在天津城建大学成功运用,得到了师生良好反响,取得了成功经验。

(一)紧抓培根铸魂的育人主旨,坚守场馆育人的意识形态
　　导引性

只有坚守立德树人这一价值定位,红色场馆的资源优势才会转化为传播优势和育人优势,也唯有如此,场馆育人模式才能顺利发挥作用并达到预期目的,使受教育者在此过程中沟通心灵、启智润心、激扬斗志,成为社会主义核心价值观的坚定信仰者、积极传播者、模范践行者。在此过程中,红色场馆要以高度的政治站位、坚定的文化责任,加强意识形态安全教育的话语

权,加强场馆育人的政治引领,做好学生成长成才的引路人。

(二)构建共建共享的协作机制,深化各方主体的参与程度

发挥场馆育人作用,要充分考虑各方主体的特点,综合考虑参与主体的需求,从而研究制定协作机制,调动各方积极性。同时,在"大中小一体化"背景下,制定研学路线,还要充分考虑不同学段的学习特点,遵循教育规律,为每一次研学实践量身打造适合的课程内容,最大限度发挥场馆作用,提升育人实效。应积极创新工作思路,以常态化的对外交流学习不断丰富改进自身的工作方式和内容,发挥更大的协同育人效应。

(三)利用数字平台的传播优势,提升场馆平台的育人效应

在大众媒体、社交媒体乃至智能媒体迅速颠覆传统媒介的今天,互联网数据信息平台的技术水平有了质的变化,大数据、云资源库、物联网等都为思政课教学平台的应用和拓展提供了技术支撑和硬件支持。数字技术赋能场馆育人,意味着基于红色资源的数字课程的设计与运营能力应与现有思政课的课程教学改革需求相匹配;意味着场馆思想政治教育资源的数字化开发、数字宣传平台乃至理论资源数据库的建造,应与红色文化主题活动的个性化、社会化相衔接。这为学校以数字化技术拓展场馆育人模式提供了延展空间,使场馆育人模式与时代的发展嵌套、与师生的生活共振。

 **案例 5**

善用高校场馆资源,提升思政课育人成效

马克思主义学院　郭俊丽

思政课是落实立德树人根本任务的关键课程。习近平总书记指出:"'大思政课'我们要善用之,一定要跟现实结合起来。上思政课不能拿着文件宣读,没有生命、干巴巴的。"①习近平总书记关于"大思政课"的重要论述,突出强调了思政课这个主渠道,提出"一定要跟现实结合起来","不仅应该在课堂上讲,也应该在社会生活中来讲"。

为进一步贯彻落实党的二十大精神和教育部等十部门印发的《全面推进"大思政课"建设的工作方案》的要求,天津城建大学强化问题意识、突出实践导向,充分发挥高校场馆育人功能,坚持用好用活场馆资源,以校内革命丰碑展馆为依托,开展思政课课内实践教学,拓展教学空间,引领学生"知天津革命传统,承先辈红色血脉,聚青春奋进力量",切实提升思政课教育教学的引领力、穿透力、向心力。

一、工作目标与思路

(一)发挥场馆文化育人功能,赓续红色血脉

位于天津城建大学校内的革命丰碑展馆以天津市现存红色旧址为主

---

① 《"'大思政课'我们要善用之"(微镜头·习近平总书记"下团组"·两会现场观察)》,《人民日报》2021 年 3 月 7 日。

体,精选新民主主义革命时期的一百处红色旧址,汇聚革命历史、现状信息、历史地图、测绘扫描和保护利用等多方面的成果。该展览与学校历史建筑保护特色学科相结合,体现了红色资源保护与传承的城建特色,是学校红色文化重要的组成部分,在加强中国特色社会主义文化教育、中国革命历史教育方面发挥着积极作用。

习近平总书记强调:"红色血脉是中国共产党政治本色的集中体现,是新时代中国共产党人的精神力量源泉。"[①]在思政课实践教学环节带领学生走进"革命丰碑展馆",让学生身临其境,在"红色课堂"中全面系统了解天津的革命传统和历史,追寻红色印迹,感悟中国共产党人艰苦奋斗、牺牲奉献、开拓进取的伟大品格,让红色基因深深融入青年学生的血脉之中,从而坚定"四个自信",迸发出奋进新征程的强大力量,为强国建设、民族复兴挺膺担当。

(二)开阔学生眼界格局,厚植爱校爱津情怀

青年学生在进入大学校园之后,开始学习专业知识,所接触的知识大多数限于某一学科范围内,活动也多在所在学院之内,对于学校的建设和发展情况了解较少,用大视野大格局来分析问题、解决问题的能力有待提升。与此同时,高校场馆作为实践教学资源的优势发挥得不够充分,一是对场馆所蕴含的思政育人元素的挖掘缺乏深度和广度。二是场馆的辐射范围不够广泛,在普及意义上有极大的拓展和提升空间。

思政课以革命丰碑展馆为平台开展实践教学为学生更深入、更广泛地了解所学专业、学校和天津打开了一扇窗户。一方面,学生将以革命丰碑展馆为出发点,理论联系实际,深刻理解学校特色是如何与城市建设相融合、服务经济社会发展的。另一方面,学生在革命丰碑展馆的现场教学过程中,将更深入地了解天津的文化和发展优势,进而从心底萌生出热爱天津的情感,激发出把个人发展融入城市发展的意愿,实现个人发展与城市发展同频共振。

---

① 习近平:《用好红色资源 赓续红色血脉 努力创造无愧于历史和人民的新业绩》,《求是》2021 年第 19 期。

二、实施方法和过程

为进一步挖掘并充分发挥革命丰碑展馆的思政育人功能,把校内优势资源汇聚到构建新的"大思政课"育人格局上来,确保思政课实践教学规范化建设,天津城建大学精心设计安排,打造了让学生有更多获得感的思政课。

(一)准备阶段

马克思主义学院教师与建筑学院教师积极沟通、开展集体备课,全方位交流,结合思政课程和展馆内容,深入挖掘思政育人元素,设计教学要点。

马克思主义学院开设课程的教研室组织教师讨论交流,以拓展学生视野,让学生更多地了解学校、认识所求学的城市为方向,以场馆文化育人,让学生在"现场"感悟红色江山来之不易为目标,结合授课学生的专业特点和需求,确定实践教学主题。

(二)实施阶段

在教学周内,授课教师带领学生前往革命丰碑展馆开展现场教学,灵活采取"教师讲解+学生讨论""学生讲解+教师点评"的师生双向互动模式。

"教师讲解+学生讨论":教师讲解主要内容之后,学生围绕与教学内容相关的主题分小组讨论,再由学生代表发言,教师作总结。

"学生讲解+教师点评":在现场教学之前,分配不同的任务给学生小组。现场教学时,由各小组代表进行主讲,教师作点评,升华教学内容。

(三)总结阶段

在现场教学结束之后,学生和教师均需要在一定的时间内对现场教学进行总结反思。

学生:围绕现场教学的内容或组织情况等撰写200—300字的心得体会。

教师:结合整体教学过程和学生的心得体会总结经验,并从不同角度分析实践教学过程中存在的问题,召开集体备课会,提出改进措施,为进一步优化实践教学提供参考。

三、取得成效与经验

(一)取得的成效

天津城建大学以革命丰碑展馆现场授课丰富思政课课内实践教学,通过"走""访""讲""论",在增强学生获得感和推进教育教学改革创新上都取得了良好的成效。

1.理论与实际相结合,增强学生的获得感

让学生走出教室,走进场馆现场,在可观可感的情境中,上一堂"理论与实际相结合的大思政课"。第一,拓展了学生的视野,丰富了学生的学识,让学生对学校的实践教学场馆、天津的红色文化有了更深层次的了解。第二,在潜移默化中培养了学生热爱所就读的学校、热爱所求学的城市的情怀,真正"在场"体悟思想伟力,汲取奋进力量,坚定"四个自信",确立为全面建设社会主义现代化大都市、全面建设社会主义现代化强国奋斗的目标。第三,打破思维局限,让学生从关心个人事、学院事,到了解学校事、社会事,再到关注国家事、天下事,眼界与格局逐步打开,能够用全面联系发展的观点和方法看待问题,努力做到胸怀天下。

2.推进教学改革创新,打造铸魂育人"大思政课"

将"革命丰碑展馆"现场教学纳入课内实践教学环节,是积极推进"大思政课"建设的有益探索。第一,丰富了思政课课内实践教学形式,打通了传统理论教学"第一课堂"和实践教学"第二课堂"之间的壁垒,使二者实现有效融通,构建起立体化的思政课课堂体系。教师与学生同时"在场",理论与实践相结合,既能加强学生对理论知识的理解,更能让学生看到、体会到实践的力量。第二,让思政小课堂走向社会大课堂,提升了思政课育人成效。第三,建好用好校内实践教学场馆资源,让思政课课堂教学不再"悬浮",场馆在思政育人方面指向更清晰,目标更明晰,效果更显著。

(二)经验总结

1.多元主体联动,构建立体化思政课课堂教学体系

当前思政课教学中存在对实践教学认识不足、重视不够,课程思政存在"硬融入""表面化"等现象。因此,推动专业课程与思政课同向同行需要思政课教师、专业课教师等多元主体积极联动,结合学生的特点和需求,制定切实可行的方案,聚焦立德树人根本任务,把校内优势资源汇聚到构建新的"大思政课"格局上来,形成共建共享共育的联动机制,不断增强铸魂育人效果。

天津城建大学充分发挥校内实践教学场馆的资源优势,在原有学生课堂展示这一课内实践教学环节基础上,提出在革命丰碑展馆开展课内实践教学这一形式,有效整合了学校优势资源,打造出"理论与实际相结合的大思政课",构建起"教师讲授—学生展示—师生'现场'教学"的立体化思政课课堂教学体系,积极推动学校思政课教育教学实现内涵式高质量发展。

2.从学生"附近"出发,在"可观可感"中实现思政育人目标

在互联网信息技术飞速发展的当今社会,Z时代的大学生通过网络可以很便捷地获得各个领域海量的知识、信息,但是这也带来一系列的问题。第一,大学生尚处于世界观、人生观、价值观还未完全形成定型的阶段,大量信息尤其是基于算法所推送的消息,会在一定程度上影响学生的思维。第二,学生身处于虚拟社会与现实社会之间,出现关心个人事与关心更琐碎或者更宏大事件,而"附近消失"的现象。第三,网络意识形态发展趋向多样化和复杂化,思政课教育教学面临的挑战不断加大。

在校内革命丰碑展馆开展思政课实践教学是帮助学生"重建附近"的一次有益尝试。让学生从了解关心所就读的学校、所求学的城市做起,真正身临其境,在"可观可感"中将视野从网络转回现实,善用网络,树立正确的世界观、人生观、价值观,运用马克思主义的立场观点方法分析问题和解决问题,从而达到思政课育人的目标。

3. 师生互动, 共融共促, 最大程度提升思政课课内实践教学成效

在思政课的教育教学中, 师生互动、生生互动是一种很有效的教学方式。习近平总书记在中国人民大学考察调研时强调: "思政课的本质是讲道理, 要注重方式方法, 把道理讲深、讲透、讲活, 老师要用心教, 学生要用心悟, 达到沟通心灵、启智润心、激扬斗志。"① "沟通心灵、启智润心" 既需要学生同伴群体之间的交流, 也需要教师和学生之间的互动。在互动中, 双方可以相互启迪、引发思考、发表观点、辨明是非, 真正将道理学懂弄通, 入脑入心。

在革命丰碑展馆现场教学过程中会采取翻转课堂的方式, 让学生发表讨论意见或者担任主讲, 思政课教师进行点评和理论升华, 在师生有效互动中, 明是非、辨真伪, 实现共融共促, 从而培养认识自知、实践自觉、理论自省、信仰自信的优秀人才。

---

① 出自 2022 年 4 月 25 日习近平总书记在中国人民大学考察调研时的讲话。

第二版块　课程思政建设成效

 案例6

以建筑测绘为平台的劳动育人课程实践

建筑学院　杨　悦

一、工作目标与思路

中共中央、国务院《关于全面加强新时代大中小学劳动教育的意见》和教育部下发的《大中小学劳动教育指导纲要(试行)》,明确了劳动教育理念;提出了人才培养全员、全程、全方位贯穿劳动观念和劳动精神教育的战略目标和具体要求;强调了劳动教育应融合德育、智育、体育、美育,探索具有中国特色的劳动教育模式、劳动教育体制和机制,促进学生形成正确的世界观、人生观、价值观的内涵要求。

建筑学专业人才应具备较高的实践能力、创新能力、团队协作能力和社会责任感,立德树人核心素养的内涵目标始终贯穿建筑学专业人才培养的全过程。高校劳动育人强调社会性和实践性,劳动教育的关键是构建价值目标和实践育人体系,这与建筑学专业人才培养强调社会价值和实践能力的培养目标高度契合。因此,劳动教育在建筑学专业立德树人核心素质培养中具有能串联德育、智育、体育、美育的综合的不可替代的作用。

（二）课程建设目标

建筑测绘课是面向建筑学专业本科三年级开设的实践环节课程，是服务于设计教学、史学研究和遗产保护而开设的独立实践教学环节，在立德树人及人才综合素质培养方面发挥重要作用。

建筑测绘是一项体力与脑力劳动高度融合的活动，在教学中利用好建筑测绘活动的特点，科学设计教学内容、实践内容和育人目标，充分体现团队协作和实操劳动贯穿于实践全过程的教学特点，在建筑测绘课中融入劳动教育目标、发挥劳动教育在建筑学专业立德树人核心素质培养中串联德育、智育、体育、美育的作用。

二、实践方法和过程

（一）课程建设基本情况

建筑测绘课以红色历史建筑资源为抓手，结合红色历史建筑保护与利用的实际项目，在建筑学专业课程的实践环节中挖掘劳动元素，将劳育活动和专业实践教学相融合，串联德育、智育和美育，以劳动教育、专业教育和思政教育的充分融合为目标，开设"革命历史建筑测绘劳动育人实践"专题，将天津革命文物挖掘与保护的实际项目融入教学内容，以劳育活动串联专业人才培养的树德、增智、强体、育美的具体要求，形成强调社会性和实践性的适用建筑学专业人才综合素质培养的以建筑测绘课为平台的教学实践方案。

（二）课程实践内容

"革命历史建筑测绘劳动育人实践"专题，充分利用测绘活动的特点，在传统建筑测绘训练学生测绘方法的基础上，以天津革命文物挖掘与保护的实际项目为任务载体，设计了"观察与调研—测量与绘图—制作与展示"三个主要实践环节，使学生在测绘实践和劳育活动中认识、测绘、解读革命建筑,掌握熟练运用建筑测绘技术测绘革命历史建筑的实操方法,了解保护革命历史建筑的相关知识,掌握革命文物的历史演变、历史信息挖掘和甄别研究的基本方法,掌握技术图纸和空间模拟展示的方法与技巧。

（三）课程实践过程

1. 采用分组测绘、团队协作的形式完成测绘实践与劳育活动,根据测绘建筑的数量、规模和复杂程度将学生分成 6—7 组,每组 5—7 人,每组由学生推选主要负责项目协调和组织工作的组长,各组分别完成革命历史建筑单体或建筑群的测绘任务。

2. 根据测绘活动的规律设计教学环节,精细划分以教学、实践、互动为主要阶段的相融互贯的教学过程。测绘实践与劳育活动由理论知识与实操方法讲授、多阶段现场测量（初测、复测、补测）、数据整理、阶段性图纸绘制（测稿、一草、二草、正式图纸）、阶段性汇报、评图与批注（多阶段反馈）、成果输出等环节组成。

3. 强调教学环节中的教、学主体。理论知识部分以教师为主导展开讲授;测绘实操方法讲授以教师+学生协同完成的方式进行,在测绘现场边讲授边演示。

4. 实践和劳育活动全阶段保持沟通与互动,开展团队协作,结合建筑测绘工作中的内业、外业要求和工作进度,进行阶段评价和进度指导,随时反馈问题,强调师生在实践和劳育活动中的活跃度、参与度和互动关系。

三、取得成效与经验

（一）取得成效

课程于 2023 年获批天津市劳动教育优秀课程,逐步形成了强调社会性和实践性的适用建筑学专业人才综合素质培养的劳动教育教学模式和教学实践方案,使学生通过劳育实践活动树立新时代的劳动价值观、增强劳动实践和社会责任意识、积累职业经验和团队协作经验、具备创造性解决实际问题的能力、获得劳动价值的自我认同。

（二）教学效果与教学经验

"革命历史建筑测绘劳动育人实践"专题，以天津革命文物挖掘与保护的实际项目为任务载体，使学生在课程实践中亲历了保护革命文物的基础工作，通过革命历史建筑测绘实践和劳育活动，培养学生爱党爱国、使命担当、砥砺奋进的劳动品格，提高学生发现问题解决问题、团队协作、开拓创新的劳动能力，提升知行合一、以美践劳的劳动素养，巩固学生精益求精、敬业守信、身体力行的劳动习惯。

1. 专业与情感收获

由于社会、历史等方面的原因，革命历史建筑具有一定的复杂性，学生在实测过程和资料挖掘的过程中，会遇到建筑空间推敲、历史线索挖掘等方面的困难，但学生仍能在实践和劳动过程中展现出探究建筑本体以及蕴含其中的历史事件、历史人物和相关历史信息的浓厚兴趣与钻研精神。学生们将测绘和研究革命历史建筑的过程中的自己形容成"建筑侦探"，充分反映出学生在测绘实践和劳育过程中乐于挖掘、善于分析、享受团队协作和劳动的状态。

2. 劳动素养收获

在成果形成的过程中，充分展现出学生既严谨又创新的成果输出能力，革命历史建筑测绘劳动育人实践，使学生亲历保护革命文物的基础工作，学生们在自信心、专业能力、创新能力、协作能力、组织能力、劳动品格、劳动技能、劳动素养和劳动习惯等方面得到了巨大提升，激发了学生的爱国主义情怀和历史使命感，教学效果显著。

3. 学生获奖

学生的测绘成果曾获天津市挑战杯一等奖，学生在测绘实践和劳育活动中积累的经验广泛应用在建筑设计、历史建筑保护与改造等方面，在相关设计竞赛中获省部级以上奖项数十项。

4.社会评价

　　学生的革命历史建筑测绘活动和教师的研究成果被教育部门户网站、党史学习教育官网、《中国教育报》、"学习强国"、《中国青年报》、天津新闻、《天津日报》等主流媒体报道 50 余次,充分反映出革命历史建筑测绘劳动育人实践课的教学效果和积极的社会影响力。

 案例 7

"教学+展览+竞赛"三位一体的"以美育人"建筑美术教学模式探究与实践

建筑学院 李汉琳

天津城建大学建筑学院建筑类专业紧密围绕立德树人根本任务,学生通过美术课程群学习,可以掌握专业的表现技巧,能够运用所学的基本原理和技法独立完成专业主题表现。教师通过专业理论知识的讲解,结合对我国经典红色美术作品的赏析,以及对革命历史建筑的表达训练,在提高学生专业能力的同时,也能够帮助学生树立正确的世界观、价值观、人生观。对塑造学生美好心灵具有重要和不可替代的作用。美术教育是美育的重要组成部分,加强美育教育可以提高课程育人的实效性。

本课程群的最高目标是让作为未来城市设计工作者、作为新型城镇化和城市现代化进程事业接班人的建筑类专业大学生,树立正确的价值观和审美观,并将其践行于设计创作中,生动形象地阐释中国精神、中国价值。

一、工作目标与思路

(一)具体举措

1. 解决的重点问题

重点要解决的问题是加强美育教育融入课程思政,做好社会主义核心价值观在教学中的落细、落小、落实。从美育的视角研究课程思政如何与专业教学结合的问题,以及与人才培养定位进行对接,如何最大化发挥出课程育人价值的问题。

2.资源建设及应用情况

(1)实践性教学资源

近些年建筑学院购置了先进的设备仪器,如:数字手绘板、wacom 数字手绘屏、三维扫描手绘一体机、专业摄影设备、DJI 航拍无人机等。上述教学仪器能较好地满足专业美术实践教学,拓展学生思路及丰富表现方法。

(2)网络教学资源

课程团队在 2019 年的课程中已初步使用线上系统,目前在超星学习通已上传 25 个教学视频,总时长约 260 分钟;上传课程资料 12 项;发起活动 40 项;网络课程浏览次数 49035 次。

3.课程教学组织实施情况

建筑类专业美术课程群,主要包括:美术基础、专业美术(1)、专业美术(2)、专业美术综合实习课程。教学团队充分利用多媒体等优势的现代化教学手段,提高教学效率。创设教学情境,激发学生的求知欲,结合优秀的传统教学方法(精读范例,认真备课,反复推敲等)进行教学,特别是在结合课程思政方面,备课补充新的相关实例,讲授专业美术的方法原理和实践。

(二)特色亮点

本课程群的最大特色是在专业课教学中,不再是生硬简单地加入课程思政内容,而是以美育作为专业教学与课程思政的结合点,使二者自然有机地融合。做到"润物细无声"才是课程思政的最高境界,才能发挥出课程思政的最大化价值。这也是本课程团队追求的目标和努力的方向。

1.选择的创新

课程团队将美育教育与课程思政的融合作为主体,而不是将美育作为课程思政的工具,这是本课程群的一个创新,也是新时代提出的思政教育创新发展的趋势。

2.观点的创新

目前,在课程思政与美育关系上,国内的研究主要涉及德育的美育方法与思想政治教育审美化这两个方面。本课程群试图发挥美育在课程育人建设过程中的主体作用,这是本课程群的一个创新。

二、实践方法和过程

(一)育人成效表现在指导学生竞赛获奖成果

1.2017年12月第四届全国高等学校建筑专业学生美术作品大赛

主办:全国高等学校建筑学专业指导委员会

指导学生获金奖1项,银奖2项,铜奖1项。

2.2019年12月第五届全国高等学校建筑专业学生美术作品大赛

主办:教育部高等学校建筑学专业教学指导分委员会

指导学生获一等奖2项,二等奖3项,三等奖6项。

3.2019年6月首届"鲁本斯杯"全国大学生园林美术作品大赛

主办:中国风景园林学会教育工作委员会

指导学生获一等奖1项,二等奖2项,三等奖3项。

(二)育人成效表现在课程项目上的成果

1.2024年3月专业美术(1)课程获批天津市一流本科课程(课程负责人);

2.2021年7月专业美术(2)课程获得天津市大中小学"党史专题课程思政精品课"(本科高校组),省部级思政示范课(课程负责人);

3.2021年7月专业美术(2)课程入选新华网新华思政—全国高校课程思政示范课程(课程负责人),线上学习人数累计过万;

4.2021年专业美术(2)课程获得天津城建大学校级一流本科建设课程;

5.2021年美术基础课程获得天津城建大学校级课程思政示范课;

6.2020天津市高等学校本科教学质量与教学改革研究计划项目"建筑类专业加强美育教育融入课程思政的研究与实践"省部级教改项目(项目

主持人、参与人为课程团队成员)。

(三)育人成效表现在受媒体关注情况

1. 以美术课程群成果为基础,课程组指导学生参加由天津市教育委员会主办的"莲年有余"天津市学生主题年画作品展。本次展览作品将教学、展览与竞赛相结合,激发学生的学习主动性,学生把完成作业转换成完成作品,通过竞赛检验教学成果。课程聚焦新的美学范式发展特征,引导学生从多角度、多层次、深入认识建筑美学,建构"教学+展览+竞赛"的课程改革方向,培养学生为人民创作的价值观和美的认知与美的能力。同时,课程引用经典民俗文化作品以及历史风貌建筑进行课程导入,既学习了专业知识,又让学生了解作品的创作背景和背后的故事。通过弘扬中华传统文化树立民族认同感,助推大学生的文化素质教育,增强大学生学生明辨是非的能力,提升自身审美能力。课程打造校外美育教学成果展示平台,在地铁站内展示了近几年建筑学院专业美术课程美育教育的教学成果,借助这次作品展览把地铁站内变成了第二课堂,"以展促教"让学生融入建筑美学的作品创作之中,让校外作品展示平台变成教学的一线,同时也起到了面向大众的美育宣传教育功能和作用。

展出作品的内容题材为我国改革开放以来天津城市建设风貌,学生通过实地调研并取材,用画笔创作建筑美术作品,生动地描绘出一张张写实风格的建筑场景表现画,如表现天津古文化街、海河沿岸建筑、小白楼商业街和五大道历史风貌建筑等题材的作品。本次画展获得校内外广泛好评,并在中国日报中文网、《天津日报》、"津云"等多家媒体报道。

2. 以美术课程群成果为基础,举办了天津城建大学"学四史"主题美术作品展,获得校内外广泛好评,并在中国日报中文网、《天津日报》、天津市教委网站等多家媒体报道。

3. 2020 年 6 月四幅学生美术作品入选天津市文联主办的"听党话 感恩党 跟党走 主题文艺创作活动"。

4. 2020 年 7 月在全国思想政治工作网发表题为《在高校课程思政中融入美育思想》的文章。

三、取得成效与经验

（一）美育融入课程思政，发挥课程育人成效

培育和践行社会主义核心价值观，是高校立德树人的核心，其重中之重是要做好社会主义核心价值观在教学中的落细、落小、落实。本课程群就是从美育的视角研究课程育人如何与专业教学结合的问题，以及与人才培养定位进行对接，发挥出课程育人最大的价值。

（二）创新教学方法，构建以美育人

本课程群在教学方法上寻求创新，以马克思主义科学方法为指导，以文献法为基础，以多学科交叉研究方法为手段，以系统论方法为主导，分析各种要素之间的相互联系，建构美育教育与课程育人协同融合机制，以更好地实现"立德树人"的根本任务。

（三）"以美育人"，突出课程育人实效性

加强美育教育融入课程思政，对于培养建筑类专业大学生正确的三观，以及创新能力，增强高校思政的实效性，提高人才培养质量，培养新时代社会主义事业的建设者和接班人等方面均具有重要的理论意义和现实意义。

（四）下一步发展方向

1. 提升教改力度，优化课程实施

进一步加强课程群建设力度，结合教改组织团队，系统对课程进行教学大纲、教案等内容进行修订。不断更新授课内容，做到与时俱进，注重美育与课程思政等方面内容的教学。

2. 强化团队培训，建设一流师资团队

加大教师培养力度，每年完成至少2人次的教师培训。力争每年聘请业内专家举办讲座，对学生举办实践教学指导。

3. 凸显课程特色，巩固和扩大教学效果

加强理论与实践的关联，强化学以致用的观念，凸显应用型人才培养的

课程特色。注重教学效果的实现,课程的平均通过率应达90%以上、优秀率平均增加到10%以上。未来五年,课程教学团队将注重教学与教研联动,实现教学研究成果师生共享。

 案例 8

识、画、读、测、讲

——红色资源渐进式融入专业课程的育人体系构建及实践探索

建筑学院 李小娟 任帅斌

天津城建大学建筑学院建筑学专业紧密围绕立德树人根本任务,以"利用红色资源、传承红色基因"为目标,依托课堂测绘历史建筑,挖掘红色历史建筑之于建筑学专业的育人价值,依据教学规律,将红色资源挖掘成果渐进式融入专业其他培养阶段课程,形成"识红色建筑、画红色建筑、读红色建筑、测红色建筑、讲红色建筑"的红色资源课程育人主线,建设育人基地,开展协同教学,自方案实施以来育人效果显著。

一、工作目标与思路

2020 年 5 月,教育部颁布《高等学校课程思政建设指导纲要》,纲要指出课程思政建设内容要紧紧围绕坚定学生理想信念,构建科学合理的课程思政教学体系,分类推进课程思政建设。红色资源兼具丰富的物质形态和感人的精神内核,其中蕴含着对马克思主义的信仰,对共产主义和社会主义的坚定信念,对党和人民的赤胆忠诚等基因要素,对于培养大学生的政治认同、家国情怀、文化素养、道德修养、宪法法治意识具有十分重要的意义。因此,将地方红色资源融入课程思政教学,将为课程思政提供生动的教学素材与丰富的实践载体。

建筑学专业属于应用型专业,是培养人才实践能力、创新能力以及综合能力的专业,将地方红色资源融入高校建筑学专业课程思政教学体系,将红色教育贯穿建筑学专业从认知、分析、提炼到创新的教育过程,将为培养理想信念坚定、德才兼备的新时代中国特色社会主义建设者和接班人打通育人的"最后一公里",并为红色文化的传承及其载体创新培养优秀人才。

(一)依托课堂,挖掘天津红色资源

自项目实施以来,在建筑测绘课程以及第二课堂开展天津市红色资源的普查测绘。截至 2022 年 8 月,普查复查天津市革命遗址 356 处,建立了 480 余处红色旧址的数据库,完成中共中央北方局旧址等 30 余处革命文物的三维扫描、建模和测绘工作。

(二)构建红色资源课程育人主线,建设示范课程

紧密围绕立德树人根本任务,以"利用红色资源、传承红色基因"为目标,依据教学规律,将红色资源融入建筑学专业课程体系,形成"识红色建筑—画红色建筑—读红色建筑—测红色建筑—讲红色建筑"的课程育人主线。

1. 专业美术——"识红色建筑,画红色建筑"

开课学期为大一下学期,通过专业理论知识的讲解,结合我国经典红色美术作品的赏析,以及对革命历史建筑的表达训练,在提高学生专业能力的同时,帮助学生树立正确的价值观、塑造美好心灵。

2. 中国建筑史——"读红色建筑"

开课学期为大二上学期,通过在天津市红色旧址开展现场教学,使同学们认识天津红色历史建筑的特征,解读近代历史建筑在新民主主义革命时期具备的选址特征、空间特征、功能特征等。

3. 建筑测绘——"测红色建筑"

开课学期为大三下学期,通过实地指导学生测绘天津市红色旧址,了解历史建筑保护的相关知识,掌握天津红色历史建筑的风格特征、空间尺度,理解天津近代历史建筑在新民主主义革命时期发挥的历史作用及其保护价值和意义。

3. 建筑设计 VI--"讲红色建筑"

开课学期为大四下学期,开展天津红色旧址周边历史街区更新设计,在教学过程中学生通过深入分析红色建筑,挖掘革命历史,深化理解革命精神内核,最终通过设计方案传达对红色街区更新利用的设计观点,通过设计方案的表达讲述革命精神,并实现革命精神载体的有效创新。

(三)建设天津红色资源教育基地

以普查测绘数据为支撑,先后在新中国成立 70 周年和中国共产党成立 100 周年之际,建设革命丰碑展厅及其云展厅。展厅除用于课程思政及思政课程实践教学之外,还用于学校开展党史教育和爱国主义教育、天津市大中小学思政一体化教育。基地先后获批天津市青少年实践教育基地和天津市首批大中小学实践育人一体化精品路线,目前正在申报天津团市委红色研学基地和天津市爱国主义教育基地。截至目前,基地接待参观共计 3 万余人次。

1. 建立红色思政元素信息库

对新民主主义革命时期的红色建筑进行思政元素挖掘,提炼红色思政元素核心词 198 个,建立天津红色资源课程思政元素信息库。

2. 建设红色资源育人团队及其机制

通过教师协同、课程协同、工作协同构建协同育人模式。组建包括专业教师、思想政治课程教师和学生工作教师在内的红色资源育人团队,开展协同教研。通过主线课程先后序关系、目标递进、方法多元等实现课程协同。

二、实践方法和过程

(一)充分挖掘红色资源,有机融入专业教学体系

依托建筑测绘课程充分挖掘红色资源,将红色资源渐进式融入专业教学各阶段。在学科基础课、专业核心课、实践课程、专业主干课中依次通过"识红色建筑—画红色建筑—读红色建筑—测红色建筑—讲红色建筑"的

系列教学过程,学生从平面到立体、从图片到现场、从形象到内涵、从现代到历史,立体化、浸润式汲取红色建筑中的革命营养。

(二)以隐性教育为主,采用浸润式教学方法

对红色资源的利用不仅停留在理论讲授、活动参与等层面,在实践课程、理论课程实践环节、设计课中,以天津红色历史建筑作为教学对象,综合采用"情感浸润""情景浸润""文化浸润"的教学方法。通过现场教学、翻转课堂的方式,学生经过感知、绘画、调研、测绘、分析、评价、创造等专业训练,对红色精神的理解从感知认知到深度体验再到领悟内化,通过"沉浸其中"的教学过程达到"润物无声"的育人效果,达成课程育人的价值塑造、知识传授和能力培养三位一体目标。

(三)拓展协同路径,构建协同育人模式

1. 教师协同

建立包括建筑学专业教师、思想政治课程教师、学生工作教师在内的红色资源育人团队。

专业教师负责红色建筑绘画训练、普查调查、建筑测绘、保护与更新设计等专业教学工作,思想政治课程教师负责党史教学、课程思政红色元素的把关和融合指导,学生工作教师协同开展基地建设、第二课堂实践活动等工作。

教师团队通过教学研讨、培训交流、课堂教学,将课程思政贯穿教学设计、教学大纲、教学实施、教学评价等过程。

2. 课程协同

梳理出红色资源融入专业课程的先后序关系,在专业课程体系内建立了渐进式的纵向课程协同机制。

建立第一课堂与第二课堂协同育人机制,如:围绕天津红色旧址的保护和传承,在第一课堂开展建筑测绘常规训练,在第二课堂开展三维场景模拟等专题训练等。

3. 工作协同

对于如基地建设、示范课程建设、社会实践活动等重点工作,坚持党委领导、团队教研、主干教师主导的工作实施程序,根据工作内容组建红色资源育人专题任务组,推动重点工作稳步有效开展。

三、取得成效与经验

(一)参与度

建筑学专业学生通过入学教育、专业课程中绘画、调研、测绘、更新设计以及志愿讲解、社会实践、专业竞赛等实现深度参与。学校其他专业学生通过在革命丰碑基地开展的新生入学教育、思政课程现场教学、党团活动等接受党史教育、爱国主义教育。教育覆盖率达到100%。

(二)受教育效果

专业学生对天津红色资源及天津的革命历史有了全面的了解,掌握天津红色历史建筑的特征、分布、保护利用现状,能够对红色建筑开展调研、测绘、分析及相关的保护更新设计。对红色精神不仅停留在理解层面,通过实践体验、分析设计深入理解红色精神内核,推动爱国主义教育入眼、入耳、入脑、入心、入行。

1. 同行评价与社会影响

项目成果在建筑学专业评估、2021年申报并获批的国家级一流专业建设点建设项目中成为首个专业特色及支撑点,2023年全国建筑学专业教育本科教育评估入校专家参观了建设成果并给予了高度评价。

天津市委原常委、宣传部原部长陈浙闽参观指导展览并给予充分肯定,题写"革命历史与专业素养相结合"评语。市委原常委、市委教育工委书记于立军同志给予了"这就是高校党建工作与中心工作相结合的典范"的高度肯定。时任天津市副市长李树起参观指导展览并加以肯定。展览还得到曾担任过周恩来和邓颖超的秘书、全国政协原副秘书长赵炜等贵宾以及众多著名建筑学家、文物保护专家、党史专家的高度评价。

项目成果得到《人民日报》、"学习强国"、《中国教育报》等约 20 多家国家级和市级媒体报道。革命丰碑基地自建成以来接受同行、社会团体、大中小学生参观近 3 万余人次。

2. 所获荣誉及工作成果

（1）专业美术（2）课程 4 项美术作品入选"听党话、感党恩、跟党走——天津市美术网络主题作品展",2020;

（2）获批天津市教委教学改革项目"建筑类专业加强美育教育融入课程思政的研究与实践",2020—2023;

（3）建筑设计Ⅵ、中国建筑史获批校级首批课程思政示范课,2020;

（4）"天津红色资源融入专业教育的课程育人模式及其实践"获 2021年度天津市学校"三全育人"优秀工作案例;

（5）获批天津市高校思想政治工作精品项目"天津红色资源融入专业教育的课程育人模式及其实践",2021—2022;

（6）"天津红色资源融入建筑学专业教育的课程育人模式及其实践"获 2021 年校级教学成果一等奖,获 2022 年天津市教学成果二等奖;

（7）中国建筑史获批 2021 年天津市大中小学"党史专题课程思政精品课";

（8）论文"地方红色资源融入建筑学专业教学体系的探索与实践",2022 年中国高等学校建筑教育学术研讨会论文集收录;

（9）建筑设计Ⅵ课程 2 项学生作业获 2022 年天津市第十五届大学生工业与艺术设计竞赛一等奖;

（10）专业美术（2）获批 2021 年天津市大中小学"党史专题课程思政精品课"、2023 年天津市一流课程建设项目。

3. 主要经验

（1）红色资源有机融入专业课程体系

根据专业教育规律,充分挖掘红色资源蕴含的各方面信息,将革命精神通过红色故事、红色人物、红色文物、红色建筑、红色街区、红色景观等作为教学素材和对象，建立学生从感知认知、知觉思维、传承践行的递进式学习层次，形成思政教育与专业教育全过程融合。将红色资源以多种方式融入第一课程和第二课堂，保证了红色资源的全方位育人。

（2）建立协同育人机制

建立教师协同、课程协同、工作协同等协同育人机制。专业教师、思政课教、思政工作教师联动、课程联动、课堂联动、师生联动的协同育人机制。

（3）将红色资源挖掘与社会服务相结合

结合历史建筑保护与修缮、历史镇村普查等社会实践项目，充分挖掘天津红色资源，建立红色资源信息数据库。

建设革命丰碑——红色资源教育实践基地，该基地不仅作为学校思想政治教育基地，同时申报天津市爱国主义教育基地、天津市青少年实践教育基地，对社会开放，为全民接受红色教育提供教育基地，保证了校内校外、家校协同的全员育人。

（4）通过红色资源全面融入高校育人体系，引领教师成长和学生成长

中国革命历史是最好的营养剂，红色资源是爱国主义教育、理想信念的有效载体，参与其中的教师和学生在挖掘红色资源、保护红色资源、传承红色基因过程中更加坚定理想信念，赓续红色血脉。红色资源师生团队在教育过程中发挥出了吃苦耐劳、不屈不挠的革命精神，既引领师德师风、教风学风，又得到了个人成长，为人生积累了宝贵的精神财富。

案例 9

以科普基地为平台的科普育人实践

建筑学院 杨 悦

一、工作目标与思路

（一）研究背景

党的十八大以来，以习近平同志为核心的党中央始终高度重视红色资源保护、管理和利用，反复强调用好红色资源、传承好红色基因。红色资源作为中国共产党领导广大人民在革命战争年代所创造的宝贵财富，凝聚着中华民族伟大力量，彰显着共产党人的鲜明政治品格，是青少年成长为时代新人不可或缺的精神力量。新时代新征程，红色文化既是青少年思想政治教育最生动的教材，也是引导青少年价值观树立、道德修养与综合素养提升的坚实依据。2020 年，习近平同志在科学家座谈会上指出："好奇心是人的天性，对科学兴趣的引导和培养要从娃娃抓起，使他们更多了解科学知识，掌握科学方法，形成一大批具备科学家潜质的青少年群体。"

红色资源在教育阵地中，主要应用在爱国主义教育、党史学习教育等方面，以科普教育为应用载体，同样可以在教育阵地中发挥传承红色基因的重要作用。

（二）建设目标

学校高度重视科普工作，坚持科教融合、产教融合，将教学和科研团队在革命文物资源、红色建筑遗产保护方面的优势及成果转化为科普资源，将科普教育活动和爱国主义教育深度融合,以红色文化遗产保护为主题,以革命历史建筑鉴赏、勘察、测绘、保护与展示为核心内容,向公众科学普及革命历史建筑保护的专业知识、革命斗争与近代城市空间和建筑空间的关系等问题,建成天津城建大学红色文化遗产保护科普基地,通过革命丰碑展馆线下常展和革命丰碑劳动教育工坊科普实践活动的开展,提升公众对革命历史建筑的认知和保护意识。结合基地建设、运行管理、活动组织、科普队伍建设、媒体宣传等方面工作,逐步形成以科普基地为平台的科普育人实践模式。

科普基地以弘扬革命历史建筑知识、传播红色文化、赓续红色血脉为核心思想,立足公众对革命历史和历史建筑文化的渴求,建成以"革命历史建筑鉴赏、勘察、测绘、保护与展示"为内容的科普学习与体验基地,在历史建筑保护与利用、红色文化遗产育人、革命文物等方面的专家指导和学生社团的助力下,通过实体展览、VR互动、劳育实践等形式,推动革命历史建筑保护、利用知识和红色文化的传播,提升公众对革命历史建筑的认知和保护意识,吸引公众对革命历史建筑文化和红色文化遗产保护的关注。发挥学校教育在科普工作中的主渠道作用,为青少年提供多形式、多渠道的科普活动阵地,形成鲜明的学校科普教育特色,打造"红色文化遗产保护科普育人"特色名片,构建品牌、平台、机制、队伍、阵地"五位一体"的高质量科普服务基地。

二、实践方法和过程

(一)基地建设基本情况

基地立足校园资源优势,坚持把科普教育作为推进学校素质教育的重要突破口,充分发挥学校教育在科普工作中的主渠道作用,围绕革命历史建筑鉴赏和革命历史建筑勘察、测绘、保护等内容,积极开展丰富多彩的科普活动,多形式、多渠道地为青少年学生提供科普活动阵地,形成了较鲜明的学校科普教育特色,基地建成了革命丰碑馆和革命丰碑劳动教育工坊,面向校园、社会开展科普教育活动,逐步形成科普育人实践平台。

(二)科普活动内容

基地将学校师生近年来开展革命文物和红色资源保护利用的科研和教学成果转化为科普教育内容,围绕革命历史建筑鉴赏,革命历史建筑勘察、测绘、保护与展示等内容,精选天津一百处重要红色旧址、遗址,以新民主主义时期天津党史发展脉络为主线,以革命历史建筑的照片、图纸、实体复原模型、文物仿制展品、虚拟现实数字模型、多媒体影片等线下线上陈展形式开展常展与科普教育活动。通过扫描测绘与实体模型、GIS 数据库与历史地图复原、保护修缮工程等方面的成果呈现,再现从中国共产党成立前后和大革命时期、土地革命时期、全民族抗战时期到解放战争时期的天津红色旧址和其承载的革命历史事件、革命历史故事。向公众普及革命历史建筑鉴赏、勘察、测绘、保护、利用与活化等方面的科普知识,革命斗争与近代城市空间和建筑空间的关系等问题,提升公众对革命历史建筑的认知和保护意识。

(三)育人实践方法

1.结合建筑测绘课、天津革命历史建筑挖掘、天津红色旧址历史和现状信息的数据库建设、天津市历史文化名镇名村资源挖掘调查与数据库建设等教学、科研成果,系统梳理成果内容,为科普教育内容的提升,做好科普教学资源积累与转化工作。

2.通过革命丰碑劳动教育工坊的科普体验与实践活动,结合劳动教育研究与实践,面向青少年、校内学生开展建筑测绘讲座、建筑模型手工制作体验、红色文创 DIY、VR 全景数字模型互动体验等活动。

3.结合革命丰碑劳动教育工坊已开展的实践活动,发挥社团资源优势,创办众创空间,将科普活动与思政教育、劳动教育和生产实践有机融合,为科普教育体验与实践活动的开展提供持续动力,实现以科普基地为平台的全方位实践育人效果。

4.根据习近平同志关于让陈列在展馆里的历史文化"活"起来的重要

讲话精神,按照"资源共享、优势互补、文明共建、共同发展"的原则,围绕"红色文化遗产保护"打造特色科普品牌,开展馆校共建、馆校合作,逐步形成科普资源馆校资源共享,联动开展论坛、讲座、联展等科普活动。近年来,基地与天津博物馆、天津梁启超纪念馆、天津觉悟社纪念馆、天津市军事管制委员会和中共天津市委旧址(张园)纪念馆等文博场馆开展联动主题活动,逐步形成了科普资源馆校共享、地区共享机制。

5. 建设科普教育团队,扩大专兼职科普人员队伍,招募科普志愿者,做好科普讲解、服务、宣传等方面的培训工作。

三、取得成效与经验

基地面向社会服务以来,累计接待参观3万余人次,每年与天津博物馆、梁启超纪念馆、觉悟社纪念馆、天津张园纪念馆等文博场馆开展联动主题活动,逐步形成科普资源馆校共享、地区共享机制。基地开放的展览,被列入省级重点宣传项目,思政经验被国家级学习平台采用,相关研究成果被人民日报、教育部门户网站、中央党史学习教育官网、中国共产党新闻网等重要媒体报道60余次,科普团队负责人及核心成员关于加强红色遗址保护与利用的相关建议,曾得到国务院原副总理孙春兰、天津市委宣传部原部长陈浙闽同志的批示,逐步形成了较强的科普服务能力、科普实践育人能力和社会影响力。

1. 红色文化遗产保护科普团队主要成员,协助天津市委宣传部和天津海河传媒中心《小楼春秋红色记忆系列》30集纪录片拍摄,为纪录片的拍摄提供红色文化遗产保护方面的建议并参与纪录片拍摄,以纪录片的形式宣传红色文化遗产保护,实现向公众科学普及革命历史建筑的知识、革命斗争与近代城市空间和建筑空间的关系等问题,提升公众对革命历史建筑的认知和保护意识,扩大科普活动的社会影响力。

2. 红色文化遗产保护科普团队主要成员,与天津市文物局、天津市河北区文保所合作,主创"革命丰碑——天津市革命文物展览",在2021年世界文化遗产日天津举办地觉悟社纪念馆展出，并在北辰区宜兴埠镇等地巡展，向公众科学普及革命历史建筑的知识、革命斗争与近代城市空间和建筑空间的关系等问题，提升公众对革命历史建筑的认知和保护意识，扩大科普活动的社会影响力和科普实践育人的辐射范围。

3. 在天津市委宣传部、天津市教育两委、天津市文物局、天津市委党校的指导下，由中国共产党早期北京革命活动纪念馆（北大红楼）、天津博物馆、天津觉悟社纪念馆、天津梁启超纪念馆、中共中央北方局旧址纪念馆、中共天津党史纪念馆、河北工业大学、留法勤工俭学运动纪念馆、保定市博物馆、中国李大钊研究会、中国近现代史史料学学会11家单位联合发起的红色资源保护传承与高校课程思政融合创新研讨会在天津城建大学成功举办。会议围绕"红色资源育人 三地馆校协同"进行经验交流和学术研讨，就京津冀红色资源内涵历史联系和馆校联合达成重要共识，为落实《天津市红色资源保护传承条例》有关"推动京津冀区域加强红色资源保护与传承工作交流，健全红色旅游开发、红色资源理论研究、红色题材作品创作等方面的合作机制，推动区域红色资源的协同保护与发展"要求，建立京津冀红色资源馆校深度合作的长效机制做出探索，为红色文化遗产保护科普工作和育人实践工作提供了资源共享平台。

第二篇

红色文化传播创新

案例 10

让"颜值"与"言值"双向奔赴　助力高校
红色文化宣传"破圈"而行
——基于天津城建大学官方公众号建设发展的案例分析

党委宣传部　仝　丹

天津城建大学微信公众号作为学校"1+5+N"融媒体矩阵中的重要构成平台,已成为学校打造"天城·融媒"宣传思想工作品牌、传播校园信息、提升学校影响力的重要渠道。坚持开展有"设计感"的宣传工作,唱响"主旋律",弘扬"正能量",挖掘"好故事",传播"好声音",为学校在红色文化传播方面发挥了的显著作用。

一、工作目标和思路

(一)工作主要目标

习近平总书记多次强调,要"用好红色资源,传承好红色基因,把红色江山世世代代传下去"①。随着网络空间的不断延展,各种社会思潮涌入青年大学生的学习生活,影响着青年大学生的思想。新形势下高校在宣传思想文化工作中将红色文化有效融入网络文化育人全过程,使其以直抵人心的力量铸魂育人,引导大学生传承红色基因、赓续红色血脉,对引导青年学生坚定理想信念、厚植爱国主义情怀具有重要的现实意义。

---

① 《〈求是〉杂志发表习近平总书记重要文章　用好红色资源,传承好红色基因,把红色江山世世代代传下去》,《中国广播电视学刊》2021 年第 6 期。

（二）工作思路

学校官方媒体不仅要守土有责，更要守土尽责，在红色文化传播过程中在坚守正确舆论导向和价值标准的基础上，必须坚持内容创新、表达创新和传播创新，靠有品质有价值的优质作品凝心聚力。

1. 遵循规律、凝聚共识，激活红色内核"忠诚度"

传统政治传播方式多为具有明确指向性、倾向性的自上而下的单向传递，难以满足现阶段高校大学生的情感交互需求，这就需要高校宣传工作借助多样的视觉符号形象将抽象的、不可触摸的理论抽象概念进行直观地转化输出，激活红色文化在当代的历史记忆，增强受众对红色文化的情感认同。

2. 守正创新、视觉赋能，点亮红色作品"关注度"

内容创新是根本，只有站在受众视角构建故事体系，才能从源头上创造优质内容。这便要求高校在宣传红色文化时，要尽可能地站在受众群体视角去还原阅读轨迹，突破传统表达方式，提高品牌辨识度、拓宽审美空间、营造沉浸感。

3. 策划主题、引导舆论，扩大红色品牌"知名度"

抓好顶层设计，主动策划主题宏大、立场坚定、导向鲜明、基调昂扬的红色文化作品，在关键时间节点，掌握舆论战场上的主动权，才能让党的声音传得更开、传得更广、传得更深入。

二、实践方法和过程

如今，网络"信息爆炸"情况愈发严重，比起阅读公众号文章，大众更偏向于观看短视频，为主流媒体的发声提出了新的要求，天津城建大学微信公众号因势而新，立足红色文化核心精神，坚持开展有策划的宣传，以特色专栏为抓手，以内涵发展为追求，以鼓舞人心为目标，通过不断地"建圈"实现"破圈"，奋力争取获得更多网络红色文化育人新成效。

（一）"建圈"——搭建受众画像，精准投放"食粮"

立足学校实际，高校红色文化的主要受众群体是师生、校友以及万千学子背后的家庭等，但在传播过程中，应有所选择、有所侧重。以某一特定群体为"传播中心"，采用振荡波动式辐射传播模式。这样的传播有重心、有立足点、有辐射范围，能够在瞬息万变的信息传播中取得最优效果。

1. 构建红色文化学术圈

紧跟思政时政热点，致力构建权威便捷的理论学习平台。天津城建大学微信公众号开设"学习进行时""牢记嘱托 见行见效""牢记嘱托 办好思政课""理响之城"等专栏，用信仰之光滋养师生理想信念，引导青年学子耕深理论基础，筑牢红色根基；通过"新闻动态"及时有效地将学校立足津沽大地，将红色资源融入专业素养教育，融入思政课程实践活动的创新教育形式和方法、思政模式等过程进行动态记录报道，提高了学校红色文化传播辨识度；在"点赞天城大"专辑推文中充分展示学校红以红色文化为突破，将教育教学、科学研究、社会服务、文化传承创新融合创新的硕果，激励更多师生加入研究红色文化的学术圈。

2. 构建红色文化榜样圈

人物是最为生动、最具张力的叙事性红色文化传播载体。天津城建大学微信公众号深耕人物报道策划，开设"建"证力量、遇"建"芳华、"建"微知筑系列专栏，掘各种校史内涵故事、探访拥有"红色"属性的优秀典型师生足迹，以事服人、以形动人、以情感人，在潜移默化中帮助青年学子重温红色记忆、传承主流价值，丰富红色文化的时代内涵与现实意义；结合五四青年节、建党节、教师节等重要时间节点，选树优秀典型代表，通过"先锋领航·凝聚力量""党建'双促双创'显实效"等专题报道，聚焦校园内师生爱国奋斗、践行信仰的榜样事迹，充分释放蕴藏其中的爱国情怀、强国志向、报国传统，引导学生饮水思源、爱校荣校、爱党爱国，从而主动靠近榜样圈、融入榜样圈。

3.构建红色文化实践圈

将校园文化活动与深入开展历史文化、中华优秀传统文化、社会主义先进文化教育相融合。重点聚焦传统节日、重要纪念日,联合学校各单位部门提前统筹,前置宣传工作,征集特色党日活动、校园文化活动、志愿服务等学生们参与度较高的活动清单,精选优质特色活动,借势将红色文化融入其中,把握时度效、精准接地气、多平台传播,使得新闻报道更具针对性,乘势形成热门话题,放大宣传效果,让学生们在实践中悟真理、强信心,让红色资源真正在学生心中"活"起来、也"火"起来,汇聚爱党爱国、自信自强的红色文化实践圈。

三、取得成效与经验

(一)"破圈"——坚守品牌性格,突破尝试新知

1.标题"破圈"

紧贴节日热点、网络热梗,在标题内清晰体现。例如国家安全日《这堂国家安全教育课,天城大师生一起上!》、清明节《年龄不是鸿沟,是代代传承的桥梁:平津战役纪念馆里的"思政"课堂》、元宵节《云端emoji灯谜,含"龙"量100%,含"福"量10000%》,适当增强"网感"让更多年轻受众拥有代入感。

多用"你、我",产生情感共鸣,例如《"建证"闪光青春:TA们是天津市"两红两优"获得者!》《暖!你们就是天城大最佳"锋"范~》《闪光如你!他们是天城大"十佳辅导员"!》。这些有较高关注量的图文就很好地利用了第一人称和第二人称,以对话的形式拉近与受众的距离。

用具体的数字替代描述性的文字,例如《天城大的那些第一次|从500→800→1300→4000的故事》《迎着晨光,天城大200名师生齐聚这里……》《这五年,天城大思政课改革创新迈上新台阶!》。数字比文字更加醒目且直观,更容易被注意到。

善用问句、感叹句,激发好奇心,例如《这场主题团课含"青"量十足!》《天城大"别样"的思政课,你爱了吗?》。巧用问句其实增强互动性,用感叹句让推文更具情绪,让读者愿意进一步通过文章内容得到答案。

尝试在标题中加入符号与表情,在信息流中脱颖而出。在众多平淡而黑白的标题中,拥有跳脱的色彩的标题可以有效提高点击率。

2. 视觉"破圈"

注重版面视觉效果,依据新闻稿件的性质、素材环境色等确定整篇主题色系。例如学术会议可采用象征探索、理性感的冷色系,学生活动类可采用象征活力、生命感的暖色系;封面设计要"吸睛",选择新闻中具有视觉冲击力的、专注的人物、能传递温度的图片,或设计主题鲜明的形象海报;正文中,凝练小标题设计成风格字体,承上启下的同时强化分割视觉点。让形式为内容服务,要让形式成为内容的有效补充和延伸。例如天津城建大学在五一劳动节期间推出原创图文《这双手,平凡而动人》,为其设计"组合拳",通过"活动策划+封面+人像摄影+视觉海报设计+svg 互动技术",最终呈现出有内涵且精致悦目的视觉效果,广受好评。

3. 内容"破圈"

在全媒体时代下,"内容为王"已然成为一条新闻推送传播的核心准则,即唯有当信息具备优质的内容性时,才能得到高质量且广泛的传播。天津城建大学微信公众号坚持打造"面子"和"里子"有机统一的"破圈"作品。

开设《良"城"美景》专辑,推出"节令美韵"二十四节气专栏,讲述节气背后的文化内涵,分享时节的习俗和诗句;将校园四季美景与古诗词融合设计《满庭芳·国色丨在天城大寻找中国传统色的浪漫!》《今天,天城大的真爱"粉",唯美表白!》等海报图片推送,让师生们因"颜值"而关注学校的美,在潜移默化中感受到传统文化的魅力。

形成了一批相对稳定、风格鲜明、师生喜闻乐见的高质量精品栏目。例如《"建"证力量》专栏,目光瞄准"学术大咖""行业巨擘",以人物小传为"导读",介绍人物生平,以他人评价语录手记收尾,升华人物精神力量。推出了"牢记嘱托 办好思政课""鸣飞大讲堂·文化的力量"等专题专栏等，红色文化相关报道内容百花齐放，均彰显着天城大的文化精神力量。

案例 11

以融出"新"　提升红色文化传播力

党委宣传部　王同欢

在融媒体时代的大背景下,我国网民数量已跃居全球首位,信息传播的方式经历了前所未有的变革,其传播效果也取得了显著提升。这一变革为红色文化的传承与发展提供了强大的技术支持,引领红色文化步入全新的传播时代。

面对红色文化传播存在的人才队伍建设不足、传播形式较为陈旧、传播渠道相对匮乏、传播环境亟须改善等问题①,天津城建大学梳理红色文化的相关资源,深入分析问题产生的原因,从加强队伍建设、创新内容形式、拓宽传播渠道三个方面着手,实施有针对性的对策,做到扬长避短、协调发展,从而打破红色文化传播的瓶颈,实现红色文化的创新传播。

一、工作目标和思路

(一)加强队伍建设,筑牢宣传保障阵线

红色文化的持续发展与广泛传播,离不开人才队伍建设这一关键因素②。推进红色文化传播队伍建设,为红色文化传播事业的长远发展奠定

---

① 王思雨,陈圆圆,陈淑丽:《新媒体环境下红色文化传播的现状、问题及对策研究——以遵义会议纪念馆为例》,《传播与版权》2024 年第 7 期。

② 毕书姝,毕兵华:《浅析苏北运河城市红色文化的传播方式——以宿迁为例》,《天南》2024 年第 2 期。

人才基础,学校应着重从以下三个维度全面发力:提升红色文化传播人员综合素质,不仅要提升专业技能,还要提升思想道德素质和文化素养;建设专业化红色文化研究队伍,以推动红色文化研究工作的深入进行;营造后备人才培养环境,为红色文化传播事业提供保障。

学校定期组织宣传队伍人员培训活动,旨在深入探究红色文化的发展脉络、内涵、历史事实及时代价值。通过培训,提升宣传人员的新媒体技术运用能力,增强其数字素养,全面提升其综合素质。培训使宣传人员系统认识红色文化,推动红色文化的传承与发展。

为进一步完善引才引智机制,我们引进专业人才。通过聘请红色文化领域的专家学者,组织举办学术论坛等活动,提升当地红色文化的知名度与影响力。

同时,学校积极获取政府的政策支持和资金支持,营造有利于培养后备人才的良好环境,深化与全国各高校的协同合作,以构建坚实的宣传保障防线。

(二)创新内容形式,提升传播吸引力

在融媒体时代。学校创新红色文化表现手法,收集和挖掘历史故事、革命故事、文物故事创编成独立小故事等,打造红色文化创新影视作品,通过视觉、听觉等感官刺激调动受众的情绪①。

此外,学校利用5G、全景线上场馆等前沿技术赋能红色文化传播,借助虚拟现实技术打造多维实景的场馆展示,增强历史与现实的联结。同时,学校坚持以受众为中心,推动传播形式数字化、在线化、互动化、社交化,增强红色文化传播的互动性与受众体验感。

(三)拓宽传播渠道,展现红色文化魅力

在融媒体时代,新媒体技术推动了媒介的多元融合。学校应创新媒介运用,整合资源平台,构建融媒体传播矩阵,增强红色文化的传播效果。换

---

① 黄艳芳:《新媒体时代高校网络思政教育与红色文化融合的路径探析》,《新闻研究导刊》2024 年第 7 期。

言之,天津城建大学要构建以短视频平台为核心的红色文化传播渠道,加大利用融媒体平台推广红色文化的力度,并结合传统媒介对红色文化传播进行补充。

同时,学校应抓住融媒体时代的机遇,积极建设红色研学基地和红色文化精品场馆,助力红色文化传播,提升知名度。加强与主流媒体合作,深入了解其宣传需求和最新动态,配合媒体进行推广。此外,学校还应该对场馆内的红色文化资源进行系统的梳理和整合,从中提炼出具有独特性、创新性和时代特色的文化元素。

二、实践方法和过程

(一)形成红色文化宣传团队

天津城建大学高度重视宣传思想文化工作,为了全面提升宣传人员的业务能力,增强思想政治工作的实效性,学校召开学校宣传思想文化工作会议暨思想政治工作委员会、深入学习贯彻习近平总书记重要指示和全国宣传思想文化工作会议精神部署会暨新闻宣传工作业务能力提升专题培训会等思想工作会议。会议旨在提高宣传人员的专业素养和业务能力,加强宣传思想文化工作的引领作用,形成了一支红色资源保护专业团队。

(二)创新红色文化宣传形式

天津城建大学对红色旧址开展了数字化保护,进行点云数据处理和建模,总数达到3000个,并绘制了地理信息系统(GIS)分析图等,建立了天津市首个"红色资源数据库",使红色旧址得到了数字化"永久保护"。学校在此基础上,依托红色遗产研究院,联合建筑学院精心挖掘100个红色旧址,发现整理了100个红色故事,编写了100个红色案例,拍摄了100个红色微党课视频,建立了"红色思政课资源库",进一步激活了红色档案文献,深化了党史学习教育。

学校与天津博物馆、周恩来邓颖超纪念馆等10家红色文化场馆交流协作,打造天津市红色文化育人实践基地共同体,并聘请这些场馆负责人作为"校外思政导师"。同时,将资源向中小学辐射,与30多所中小学联合开展实践教学,并选派思政课教师讲学、讲座,推动了大中小思政课一体化建设,真正实现了"开门办思政"。

这些宣传形式不仅丰富了思政课堂的教学内容,还打破了课堂的边界,让越来越多的理工科学生对红色文化产生了浓厚的兴趣。以融媒体为传播媒介,天津城建大学成功将红色文化融入到了教育中,提高了展馆的知名度与影响力,同时培养了学生们的爱国情怀和历史责任感。

(三)拓宽红色文化宣传渠道

新中国成立70周年之际,学校建设了革命丰碑展馆,作为教育系统贡献的红色品牌,被市委宣传部列为重点活动面向社会开放,这是全国首创的"以红色建筑讲述地方党史"的红色展览。

对此,我们以微信公众号、微博、视频号等多样化外宣平台为媒介,发布"翻开红色建筑这本生动的'党史教科书'""天津城建大学:让红色旧址'讲好'红色故事"等多篇主题场馆宣传内容,相继被人民日报、新华网、央广网、津云等多家央级、市级媒体进行转发报道。同时,学校以红色文化为突破,作为教育教学、科学研究、社会服务、文化传承创新融合创新的典范,打造了天津城建大学"品牌强校"十大品牌之一"党建思政"品牌,探索了党建引领思政工作、推动高质量发展的"天城大方案"。其中,学校在红色文化遗产保护利用方面工作,被《人民日报》进行了典型报道,并通过人民日报内参,获得了时任副总理孙春兰的批示。

三、取得成效与经验

红色文化传播有助于受众"增自信""强精神""筑灵魂",具有重要的时代价值。革命丰碑展馆作为天津城建大学红色文化资源的宣传代表,有助于传播马克思主义、传承中华优秀传统文化,为广大人民群众提供丰富的精神食粮,激活"场馆育人"新范式。基于此,学校红色文化传播应积极应用融媒体技术,开启个性化的传播模式。

一是围绕"红"字做文章,探索满足社会需求新的学科方向。提前布局建筑类学科新方向,设立红色资源保护利用、红色建筑与遗产保护工程等学科方向,提升红色文化遗产的学术价值,使其更具生命力。

二是围绕"融"字做文章,提升人才培养实效。贯彻落实城大"5I 空间·融系统"部署,促进建筑学科和其他相关学科交叉融合,推动建筑学院、土木学院、材料学院、马克思主义学院等资源整合、协同发力,在红色文化遗产保护利用、科教融汇、思政育人等方面产出更多成果,促进人才培养。

三是围绕"高"字做文章,产出更多服务社会成果。首先立足天津,逐步加大建设,目标是打造成为辐射京津冀乃至全国,有影响力的红色资源开发利用高地。同时,在促进文旅融合、文化产业发展、城市文化传播等方面,发挥更大作用。

天津城建大学将以融媒体为传播媒介,持续深化教育部"时代新人铸魂工程",大力激发红色文化创新创造活力,在建设文化强国上展示新担当新作为,以城建大学宣传思想文化工作和立德树人的实效,助力红色文化宣传,彰显实践伟力。

案例 12

馆校协同汇聚合力　红色文化铸魂育人

党委宣传部　张羽婷

红色文化场馆是保存、展示红色文化遗产的重要场所,是高校红色文化宣传教育的补充和延续,是高校思政教育的第二课堂。红色文化遗产包含了中国革命时期的红色遗址与红色纪念馆,承载了党带领人民为革命事业所作出的巨大贡献和不可磨灭的历史记忆,具有极其重要的历史、文化和教育、科学研究价值。天津城建大学立足建筑类学科专业特色,发挥在历史风貌建筑保护方面的独特科研优势,积极实施"红色文化浸润"工程,打造馆校协同红色文化教育共同体,深化爱国主义教育基地"革命丰碑展览"建设,探索出"团队—基地—课堂—数据库—师资队伍—平台"的红色资源育人新途径,创建了红色文化理论研究—红色建筑遗址保护和利用—红色文化资源协同馆校育人统筹推进的思政教育工作新模式,创造性构建了"红色+"的立体式育人格局。

一、工作目标和思路

天津市的红色建筑就是一座座革命丰碑。天津城建大学深入学习贯彻习近平文化思想,认真遵循习近平总书记关于"要把红色资源利用好、把红色传统发扬好、把红色基因传承好"①的重要指示精神,立足建筑学等专业

---

①　2014 年 12 月 14 日,习近平在南京军区机关视察时的讲话。

特色,发挥在历史风貌建筑保护方面科研优势,围绕天津红色建筑保护利用传承开展教学科研,在天津市相关展馆、博物馆的协同合作下,建设了革命丰碑展馆。展馆成立之初,计划经过持续建设、内涵深化、馆校协同配合,将展馆建设成为天津城建大学展示教学科研成果、体现学科交叉和馆校资源整合、探索课程思政和思政课程协同发力的综合性教育创新平台,成为融理论阐释、文化传播、成果转化于一体的立体式红色文化铸魂育人品牌,探索出一条特色鲜明的新时代高校红色文化铸魂育人新路径。

(一)以文化人,提升红色文化服务发展效度

以习近平文化思想为指引,勇担新时代文化使命,深化馆校协同育人实效,积极推进与部分天津市红色场馆在展陈提升、文化创意衍生品研发等方面的合作。通过加强与政府机关、红色场馆、科研机构等单位的合作,推进红色文化遗产研究、保护与利用,深化文旅融合发展,彰显城市文化底蕴,以高水平的成果转化,助力天津高质量发展"十项行动",辐射京津冀经济社会发展。

(二)专业赋能,深化天津地方党史研究

天津城建大学依托革命丰碑展馆,积极推动天津红色文化的学术研究,大力提升红色文化的专业属性、学科和科研价值。深入挖掘全市 16 个区的红色资源,加强与天津党史、文保、房管、档案等部门合作,进一步确保资料考证的准确详实和案例采集的稳定性、可靠性。坚持以建筑为切入点讲述革命历史,从红色建筑视角讲述天津革命故事,挖掘天津城市文化中的红色文化,追溯城市精神中的红色基因。

(三)馆校协同,拓展思政课实践教学成效

天津城建大学致力于把思政课搬到展馆现场,实现全校学生 100% 全覆盖,使之成为学生身边的校内实践课基地。进一步加强馆校协同,将"走出去"与"引进来"相结合,积极策划"行走的大思政课"现场教学,带领在校生前往天津市各类红色场馆开展实践教学,扩大红色文化影响力。

二、实践方法和过程

天津城建大学依托拉斯韦尔 5W 传播模式,即传播者(Who)、传播内容(Says What)、渠道媒介(In Which Channel)、受众(To Whom)、效果(With What Effects),以革命丰碑展馆为主体、以天津红色文化资源为内容、以主题展览为形式、以大中小学生为主要受众对象、以红色文化育人实效为效果评价,积极探索馆校协同育人成效最大化路径。

从 2019 年开始,天津城建大学在建筑学院组建了一支 40 余人的红色资源保护利用研究团队,带领师生跑遍天津市 16 个区,普查复查天津市红色旧址,走访调查总数 480 处红色旧址,重点测绘 54 处红色历史建筑。天津城建大学及时梳理教学科研成果,提炼亮点和创新点,在 2019 年以庆祝中华人民共和国成立 70 周年重要时间节点为契机,将师生调查研究成果归纳成集,策划举办“革命丰碑——天津市革命遗址展览”。该展馆以天津市现存红色旧址为主体,以今昔图片对比、测绘手稿、建筑模型、红色故事等形式,生动展示了中国共产党成立前后和大革命时期、土地革命战争时期、全民族抗战时期、解放战争时期,在天津市红色旧址所发生的中国共产党领导天津人民进行新民主主义革命的红色历程。这是全国首创以红色旧址的革命历史和保护利用系统讲述地方党史的红色展览,被列为庆祝新中国成立70 周年庆祝建党百年社会公众重要参观点。自建立以来,先后接待千余个团队和 8 万人参观。此后,天津城建大学深入开发革命丰碑展馆红色场馆的党史学习教育功能,引导全校师生员工深入学习了解党史、坚定文化自信、增强政治认同,宣传教育成效显著。天津城建大学积极与天津博物馆、周恩来邓颖超纪念馆等 10 家场馆交流协作,打造天津市红色文化育人实践基地共同体,并聘请这些场馆负责人作为“校外思政导师”。同时,将资源向中小学辐射,与 30 多所中小学联合开展实践教学,并选派思政课教师讲学、讲座,推动了大中小思政课一体化建设,真正实现了“开门办思政”,场馆先后获批天津市科普教育、红色革命教育等 5 个基地。

（一）实施馆校协同育人计划

天津城建大学积极推进天津市红色文化资源有效联动、协同育人，以革命丰碑展馆为平台，积极开展跨区域、跨单位的纪念馆、博物馆的交流，加强区校协同、馆校协同，促进校内资源与校外资源有机结合。目前已与天津觉悟社纪念馆、天津梁启超纪念馆、天津博物馆、周恩来邓颖超纪念馆等 10 家场馆共建红色文化实践育人基地，打造天津市红色文化实践育人共同体和党建联合共同体，致力在天津市红色文化方面发挥更大作用。

（二）实施红色思政师资队伍计划

天津城建大学以红色文化遗产挖掘与保护工作为契机，搭建校内外红色文化交流平台，依托馆校协同计划，聘请了一批校外知名文博专家和先进人物，作为"天津城建大学思想政治教育特聘导师"，其中有天津博物馆党委书记于健、馆长姚旸，"天津市劳动模范""全国最美退役军人"王贵武等，他们带着红色党史和鲜活故事走进革命丰碑展馆，开展红色主题宣讲等，大力提升红色文化育人实效。

（三）实施红色资源向中小学辐射行动

天津城建大学持续将红色成果资源向中学、小学辐射，更广泛推动大中小思政教育一体化。天津城建大学每年选派思政课教师到中小学讲学、讲座，带领学生来校参观革命丰碑展馆、讲述天津红色故事，推动大中小思政教育一体化，纵向贯通思政教育，实现思政小课堂与社会大课堂有机融合，深化了红色文化的社会宣教功能。

（四）打造红色文化传播交流高地

2021 年在市委宣传部的大力支持下，天津城建大学对革命丰碑展馆进行了提升，进一步创新红色文化宣传教育模式，改进红色文化传播模式，转变红色文化资源叙事方式，创新"讲"的形式——模型化建筑、沉浸式参观、数字化体验，善于利用新媒体网络传播，挖掘红色历史，讲述红色故事，讲述红色传统、演绎红色经典，推动红色精神传播深入人心。中央党史学习教育官网、中宣部、教育部门户网站及"学习强国"中央平台、新华社、《中国日报》等中央媒体,《天津日报》、天津广播电视台等市级媒体对展馆进行了多次报道。

三、取得成效与经验

（一）构建了"1+N"的城建特色育人新格局

天津城建大学抓住"革命丰碑—红色文化"主线,以红色文化为抓手,馆校协同发力,夯实抓党建和抓思政工作两项基本功,构建了"一个党建引领为核心,五个维度育人"的"1+5"城建特色文化育人模式(五个维度即红色文化育心、传统文化育德、科技文化育能、行业文化育才、廉洁文化修身),推动思想政治工作传统优势同红色文化高度融合,天津城建大学连续4年获评天津市高校大学生思想政治教育工作优秀单位。

（二）探索了党建引领高质量发展的"天城大"路径

天津城建大学以红色文化为结合点,积极推动党建与中心工作融合发展,通过深入研究红色旧址,提升了科研服务社会的参与度和贡献度,提升人才培养能力,形成了"城建类学科科研水平提升—服务社会—人才培养"的良性循环。革命丰碑展馆培育了系列成果,获批教育部和天津市级成果近百项,已经成为天津城建大学"品牌强校"的重要名片。

（三）贡献了红色文化育人的"天城大"大思政方案

天津城建大学坚持以红色资源保护利用为小切口,通过馆校协同育人,挖掘全市红色资源,挖掘各类场馆、旧址背后的红色故事,使红色资源保护利用成为思政课程和课程思政协同发力、同向同行的有力抓手,贡献了以红色资源融入红色文化育人、以文化育人带动"三全育人"实效提升的"天城大"方案。

案例 13

用好红色育人资源 上好沉浸式的大思政课

马克思主义学院 李 钰

习近平总书记指出:"用好红色资源,传承好红色基因,把红色江山世世代代传下去 。"①传承红色基因,赓续精神血脉,落实立德树人,是思政课教学的必然要求和根本任务。近年来,为深入贯彻落实习近平总书记关于加强思政课建设的重要讲话精神,深入挖掘天津市红色文化资源在思政课教学中的重要意义,天津城建大学开展了以"革命薪火永相传"为主题的"大思政课"实践行活动。在具体实施过程中积极运用"大"资源,汇聚"大"合力,打造"知识传授+历史素养+时代担当+价值引领"的特色课程育人品牌,以实践教学创新助推教学质量提升,讲好用好新时代的"大思政课",激活社会"大课堂",取得了良好的效果。

一、工作目标和思路

(一)构建品牌特色

本案例发挥学校思政课程资源建设优势,依托思政课实践教学平台基地建设,以习近平总书记来津参观过、教育部大思政课实践基地名单以及反映天津历史发展的标准,精选 10 个现场线下教学场馆,按照历史逻辑进行

---

① 习近平:《用好红色资源,传承好红色基因,把红色江山世世代代传下去》,《求是》2021 年第 10 期。

参观顺序排序,由思政课教师和辅导员一起负责实践课的组织实施。项目实施过程中积极运用"大"资源,汇聚"大"合力,推动思政小课堂与社会大课堂相结合,打造"知识传授+历史素养+时代担当+价值引领"的特色课程育人品牌,以实践教学创新助推教学质量提升,讲好用好新时代的"大思政课",激活社会"大课堂",培养堪当民族复兴重任的时代新人。

(二)凸显实践特色

从场馆选择到整合资源,从配强师资到搭建平台,本项目积极运用"大"资源,汇聚"大"合力,推动思政小课堂与社会大课堂相结合,践行"知识传授+历史素养+时代担当+价值引领"的特色品牌效应,实现实践资源课程化,让红色旧址遗存变成"课堂",让革命文物资料、城市发展成果变成"课本",改变传统教学填鸭式、刻板形式的枯燥表述,通过历史故事、英雄人物来丰富思政话语体系,使思政理论课堂语言更加有温度、有热度、有深度,让学生觉得理论可亲可近更可信,切实解答新时代大学生关于理想和信念的青春之问,系好人生的第一粒扣子。

(三)形成育人特色

本案例所运用的育人方法科学,实现了显性教育和隐性教育的有机融合,以思政课教师在场馆现场讲授课程为主要阵地,形成了"现场教学—小组讨论—感悟分享—总结提升"的闭环过程,以"沉浸式"的教学作为主要方式,通过"情感浸润"把道理讲活,通过"情景浸润"把道理讲深,通过"文化浸润"把道理讲透,有力深化了学生对教学内容的理解与认同,大大提升了课程的趣味性和吸引力,达到"润物无声"的育人效果。

二、实践方法和过程

(一)整合育人资源,做到"有知"又"有味"

1. 健全绘声绘色的红色资源库

2019 年以来,马克思主义学院依托学校"革命丰碑——天津市红色旧址展览"，挖掘整理蕴藏其中的红色故事，通过录制视频、音频，编写案例等方式形成四类 1100 个教学案例的教学资源库。全面加强学生爱国主义教育，坚定学生理想信念。

2. 拓展校内外资源

校内以 4 个科普基地为资源；校外先后与天津博物馆等场馆签订"红色实践育人基地"协议，在创建红色教育资源库、实践育人平台、联合研究和开发红色展览等方面开展合作。

3. 统筹资源，拓展授课平台

以线下教学基地为主，校内建有"革命丰碑——天津市红色旧址展览"。自 2019 年开展以来，累计接待参观 30000 余人次，现已列入天津市青少年实践教育基地。在校外，以习近平总书记来津参观过、教育部大思政课实践基地名单以及反映天津历史发展的标准，精选 10 个现场线下教学场馆，同时选取 2 个线上教学场馆，实现线上资源与现场教学相结合；以线上网络教育平台为辅，围绕天津红色故事及人文历史，学校在抖音平台建有"'城'不欺我的马老师"天津网络思政名师工作室，目前创作短视频 30 期，粉丝 10000 余人，累计获赞 3.4 万次。

(二) 明确课程定位，注重"育德"又"育能"

1. 涵养育人价值，明晰育人起点

以思政育人核心素养培育为重点，根据"课程内容活动化""活动内容课程化"的要求，找准红色资源与思政教材内容的契合点，马克思主义学院组织教师团队进行红色场馆踩点、教学资源选择、史料收集整理等工作，在教学环节的实施过程中紧紧围绕教学目标、重点难点内容和学情，制定详细活动方案，最终确保育人价值准确有力实现。

2. 打磨全链条教学过程设计，把握育人重点

马克思主义学院集结了专业教师团队，对每一个环节都经过精心打磨，反复商量，不断修改。通过"课前铺垫—现场参观—撰写感悟—拍摄视频"的全链条教学过程，让学生在了解天津革命历史和发展历史的过程中，深刻领悟中国共产党为什么能,中国特色社会主义为什么好,归根到底是马克思主义行,是中国化时代化的马克思主义行的重大意义。

3. 促进知行合一,关注育人落点

以强化实践育人为落点,深入挖掘红色资源中信仰、忠诚、拼搏、奉献等价值内涵,在具体的实践教学过程中根据场馆类型的不同有针对性地设计开展体验类、服务类、宣讲类、调查类等实践活动,让学生在体验革命先烈的艰苦卓绝的奋斗岁月的过程中,培养优秀品格,进而内化为自身认知、情感,外化为行为表象,使红色思政教育落地落实落细。

(三)构建工作机制,落实"全员"和"全程"

1. 团队协同机制

初步建立天津城建大学革命薪火永相传"大思政课"实践行育人团队,形成了"全员育人,各有侧重"的团队协同机制和"1+1+N:1 名思政课教师+1 名辅导员+N 名教学保障团队"的教学实施团队。在学校党委的领导下,以马克思主义学院教师为主,协同党委宣传部、教务处、学工部、各示范学院等部门教师组建育人团队。

2. 思政共建机制

基本梳理出"大思政课"实践行助力思政课程和课程思政的育人格局,通过"知识目标—情感目标—能力目标"的三级目标递进体系,以红色文化资源为依托,结合时代特点和当下经济社会发展,通过"沉浸式"现场教学,带领学生对"四史"展开学习与研究,帮助学生了解历史事实、理清历史脉络。

3. 工作实施机制

建立工作专班,成立由学校党委书记、校长任组长,学校相关职能部门协同,马克思主义学院牵头教学,相关学院配合组织的工作领导小组,推动工作稳步有序开展;强化制度保障。出台《天津城建大学关于加强新时代马克思主义学院建设工作方案》,加强实践教学,提升教育实效;强化教学质效,制定教学大纲和12个场馆的教案,出台课程考核办法。

三、取得成效与经验

(一) 育人成效

1. 建立课程育人示范教学基地

在十个场馆开展"大思政课"实践行教学的基础上,共建十个天津城建大学"大思政课"实践育人基地,聘请 10 个场馆馆长或专家为思想政治教育特聘导师。为思政课程和课程思政教学实践提供教学基地,为学校开展党史教育、爱国主义教育提供教育基地。

2. 建立天津市十个场馆红色文化资源信息库暨思政课实践教学网络教育平台

网络教育平台涵盖了场馆介绍、现场教学、专家讲座、学生感悟、优秀作品、活动动态、教学成果等栏目板块,构建了本次"大思政课"实践行网络教育一站式服务平台,极大促进了天津城建大学革命薪火永相传"大思政课"实践行对外传播,形成了网络教育矩阵。

3. 社会反响突出,媒体报道取得新的突破。

"革命薪火永相传"大思政课实践行活动项目自实施以来,先后得到了《人民日报》、人民网、新华社、光明网、《人民政协报》、《中国青年报》、《天津日报》等主流媒体的报道,其中新华社客户端浏览量达到 70 万之多。此外,围绕天津红色故事及人文历史,学校在抖音平台建有"'城'不欺我的马老师"天津网络思政名师工作室,目前创作短视频 30 期,粉丝 10000 余人,累计获赞 3.4 万次,其中,视频《相信的力量》在抖音平台走红。

(二) 经验启示

1. 重视育人功能

本项目重视育人功能,服务学校和天津市"大思政课"建设,通过案例库、教案集、现场思政课、红色研修、网络思政名师等构建天津红色文化五位一体的育人模式,深入挖掘天津市革命场馆革命文物资源,将革命文物转化为大中小学思想政治教育教学的优质资源,充实思政课程内容,创新思政课育人形式和内容。

2. 坚持实践导向

本项目坚持实践导向,从场馆选择到整合资源,从配强师资到搭建平台,践行"知识传授+历史素养+时代担当+价值引领"的特色品牌效应,实现实践资源课程化,让红色旧址遗存变成"课堂",让革命文物资料、城市发展成果变成"课本",使思政理论课堂语言更加有温度、有热度、有深度,切实解答新时代大学生关于理想和信念的青春之问。

3. 注重活动创新

本项目注重活动创新,以"传承红色基因、厚植爱国情怀"为目标,将天津市红色文化资源融入思政课实践教学,形成"课前铺垫—现场参观—撰写感悟—拍摄视频"的全链条育人主渠道。

习近平总书记指出:"用好红色资源,传承好红色基因,把红色江山世世代代传下去。"①传承红色基因,赓续精神血脉,落实立德树人,是思政课教学的必然要求和根本任务。近年来,为深入贯彻落实习近平总书记关于加强思政课建设的重要讲话精神,深入挖掘天津市红色文化资源在思政课教学中的重要意义,天津城建大学开展了以"革命薪火永相传"为主题的"大思政课"实践行活动。在具体实施过程中积极运用"大"资源,汇聚"大"合力,打造"知识传授+历史素养+时代担当+价值引领"的特色课程育人品牌,以实践教学创新助推教学质量提升,讲好用好新时代的"大思政课",激活社会"大课堂",取得了良好的效果。

---

① 习近平:《用好红色资源,传承好红色基因,把红色江山世世代代传下去》,《求是》2021年第10期。

案例 14

打造"红色故事"宣讲品牌　激活革命旧址"红色细胞"

马克思主义学院　周淮娇

红色场馆是传承并弘扬革命文化的物态载体,是开展爱国主义教育的重要基地。高校要把红色资源利用好、把红色传统发扬好、把红色基因传承好。近年来,天津城建大学依托"革命丰碑——天津市红色旧址展览",积极充分挖掘和利用红色文化资源。

一、工作目标和思路

学校构建以天津红色故事为主体的特色理论宣讲品牌,在师生中普遍开展赓续红色血脉教育,做到师生场馆宣讲常态化、特色化,推进红色场馆与理论宣讲的资源融合,让场馆真正成为辐射场、信仰场、价值场、修炼场和裂变场。

（一）围绕"一个目标",强化思想引领

宣讲团以立德树人为中心,以激活天津革命旧址"红色细胞",传播红色文化,探索高校场馆育人新模式、新渠道为目标,旨在培养既有高尚的道德修养、又有扎实的理论功底的新时代好青年,积极发挥当代青年赓续红色血脉,传播红色文化的主动性、积极性。让学生在亲身体验中了解革命历史,在服务奉献中厚植爱国情怀,在实践锻炼中增长知识才干,激励广大学子努力成为担当民族复兴大任的时代新人。

（二）强化"两个支撑"，筑牢宣讲基础

加强队伍建设、强化培养机制是增强宣讲团凝聚力和向心力的重要手段，更是发挥红色文化育人效果的基础。一是要加强专业化队伍建设。二是要打造宣讲团"一核双向多维"培养模式，主要包括："一核"指打造一支以马克思主义学院教师为主的核心队伍；"双向"指注重对内队伍建设与对外宣传引领的齐抓并举，实现红色文化育人与红色文化传播的双向并重，在学以致用和用以促学的过程中学用相长，知行合一，实现启智润心、引领思想的双重双向效果；"多维"指通过读书交流、专题研讨、集体备课、参观学习、工作交流、专题访问、社会调查等活动和主题宣讲、微视频、专题宣传等形式，加强队伍建设，开展思想引领，不断提升队伍的政治性、先进性和影响力、感召力。

（三）打造"红色故事"宣讲品牌，固化工作成果

立足"马院姓马，在马言马"的学科特色，打造"红色故事"特色品牌宣讲，依托"革命丰碑——天津市红色旧址展览"，充分挖掘红色建筑背后的红色人物和红色故事，最大程度发挥马克思主义学院学科优势，有效推动理论宣讲"有的放矢、因人施策"，让宣讲内容"有深度、有热度、有温度"。

二、实践方法和过程

（一）真学真信真用，筑牢理论之基

坚持"打铁还需自身硬"理念，依托红色场馆，持续提升宣讲队伍能力水平。壮大宣讲力量，建立专业化、分众化、多元化的宣讲人才队伍，思政课教师全员加入宣讲团，依据不同学科专业，深度挖掘"革命丰碑——天津市红色旧址展览"的有用资源，构建点单式、定制化、互动感的宣讲风格，形成了"1+5+N"（1：以立德树人为中心；5：以五门课程为抓手；N：容纳多个群体、创新多种形式）理论宣讲队伍体系，聚拢"五湖四海"，推动"百花齐放"。勤练宣讲功底，充分激发宣讲员理论学习热情，举办理论学习读书班，定期

召开宣讲分享会、"马老师说"大比拼,邀请理论专家、演讲与口才专家、理论宣讲模范对宣讲团进行授课,立足天津市红色文化资源实际,深化理论研究和理论阐释研究,努力做到先学一步,学深一层。把准宣讲导向,始终把学习宣传贯彻习近平新时代中国特色社会主义思想作为宣讲主线,坚持将天津市红色文化资源与时代发展相结合,杜绝荒腔走板,确保宣讲工作不走偏、不逾矩、不变味。

(二)实景实感实践,立体式为学生成长输送养分

真正让青年通过红色场馆的宣讲悟理论、见世面、长才干,提高红色场馆理论宣传工作的吸引力、感染力、影响力。注重分层分类,提升宣讲的"精准度"。以思想道德与法治、中国近代史纲要、马克思主义基本原理、毛泽东思想和中国特色社会主义理论体系概论、习近平新时代中国特色社会主义思想概论等课程,根据课程不同的特点和学生成长阶段的特征,以学科视角对天津红色文化进行专题梳理和内涵解读,紧扣时代发展的需要,既聚焦革命精神的"大主题",又聚焦学生学习生活、成长发展、个体生活的"身边事";既讲如何涵养家国情怀、推进高质量发展的"大道理",又讲青年责任、青年担当、青年使命的"小故事",用"红色故事"讲出"理想信念"、用"亲身经历"讲出"理论魅力"。创新话语体系,增添宣讲的"红色味"。依托宣讲"革命丰碑——天津市红色旧址展览"这一红色阵地,创新情景式、沉浸式、问答式宣讲模式,开展红色故事我来讲、角色扮演重现历史等宣讲活动,变"读稿宣讲"为"故事宣讲"、变"灌输宣讲"为"互动宣讲"、变"台上台下"为"沉浸体验",有效提升了宣讲的立体感、鲜活感、趣味性,让宣讲接地气、冒热气。优化传播方式,扩大宣讲的"覆盖面"。将"线上"宣讲同"线下"宣讲紧密联系起来,依托抖音平台,自编、自导、自录"微宣讲"视频 40余个,将线下宣讲搬入"云上讲堂",使宣讲由"面对面"拓展至"屏对屏",进一步扩大宣讲覆盖范围。

(三)传承传播传扬,增强实践之力

将红色场馆的理论宣讲同思政课程和课程思政、大中小学思政课一体

化建设、"大思政课"建设相结合,锚定学用转化,切实推进红色教育的落地实效。传承红色基因,打造学生宣讲团。通过课程的实践教学,带动学生走进"革命丰碑——天津市红色旧址展览"、按小组分工,针对不同学生打造多元化、开放式的接力宣讲活动,变"我讲你听"到"共享同讲"。进中小学、树情怀、育新人。通过举办大中小思政课一体化集体备课、"小手拉大手"等多样活动,给中小学生讲好革命故事、英雄故事、英模故事,聚焦新时代中国梦,帮助青少年树立远大理想、培养爱国情怀,扣好人生的第一粒扣子。

三、取得成效与经验

一是激活青年力量,碰撞思想活力。宣讲团依托红色场馆,用"青年声音"讲好"青年道理",让学生听得懂、听得进,实现青年引领青年、青年感染青年。

二是依托专业力量,提升宣讲能力。宣讲团依托天津市重点马克思主义学院学科优势,充分发挥建筑类高校特色,形成"专家领学"和"成员自学"的双"学"模式,实现理论宣讲中的讲清、讲透。

三是整合多方力量,凝聚发展合力。学校各部门高度重视,学院党委积极配合,专业教师指导,逐步形成校地、校区协同育人的全铺开式红色故事理论宣讲格局。

案例 15

用数据赋能红色文化 以信仰引领时代青年
——焕发红色旧址新活力

马克思主义学院 彭 聪

为全面学习贯彻党的二十大精神,深入落实习近平总书记关于"提高网络育人能力"的重要指示精神,深入落实习近平总书记视察天津重要讲话精神,对中国革命战争史要学而时习之,珍惜来之不易的红色江山,发扬革命传统,增强斗争精神,勇于战胜前进道路上的各种艰难险阻。思政课教师聚焦立德树人根本任务,推动党史学习教育常态化长效化,有效发挥红色资源思政育人作用,加强实践教学,在课堂上积极探索用数据赋能红色文化,依托学校红色文化资源"革命丰碑——天津红色旧址展览",积极探索创新实践,以信仰引领时代青年,焕发红色旧址新活力。

一、工作目标与思路

在数字化时代,脱离互联网的文化传承是缺少时代生命力的,也是难以鼓舞人心、深入人心的。网络思政名师工作室"'城'不欺我的马老师"的思政课教师通过数字化赋能红色基因传承,依托"革命丰碑——天津红色旧址展览",深入挖掘天津红色资源,撰写红色文化教学案例和录制红色文化微视频,生动讲述天津红色文化故事,用数字技术解读红色文化内涵,用"青言青语"讲好革命故事。

依托思政课堂,串联学校"红色旧址",大力发展新媒体网络思政阵地。以"思政+情怀+热点"为鲜明特征,以"讲好红色故事、传承红色基因"为依托,强化"用户思维",围绕青年学生这个中心展开,以青年学生真正需要为内容,以青年学生最喜欢的表达方式为沟通桥梁,通过制作符合青年内心需求、认知特点、心理表征、表达方式的文化内容让其拥有更多的获得感。以此持续深入开展"四史"学习教育和学习贯彻习近平新时代中国特色社会主义思想主题教育,着力将学习成效转化为推动网络思政建设工作的思路举措和实际成效。

二、实践方法与过程

创造性运用短视频、微信公众号等平台,依托学校红色文化资源"革命丰碑——天津红色旧址展览",通过录制微思政课、微视频等方式,全方位、立体式解读习近平新时代中国特色社会主义思想、讲解津门红色往事、评析热点事件、解析大学精神等。紧紧围绕师生关注的热点问题进行宣传阐释,围绕国家大事、津门红色往事、学生身边小事进行创作,做到以小切口讲解大道理,努力将思政融入故事与生活,积极传播马克思主义信仰的力量,将党的创新性理论及时融入新媒体平台并创作高质量内容,着力改革和创新学校思政课授课模式。截至目前工作室共创作抖音短视频作品 40 余个、微信公众号文章与口述视频音频 180 余期、电视台节目录制 5 个以上。

（一）紧跟热点,打造新平台

"'城'不欺我的马老师"工作室抖音号共发布作品数 40 余个,累计粉丝数超过 1 万,总视频浏览量超过 480 万,总获赞量达 4.5 万,其中作品《信仰的力量》单条视频点赞量达 1.1 万,浏览量达 144 万。

围绕学生关心的围绕"信仰""信念"等难点问题,在抖音平台推出《信仰的力量》专题片,讲述一群思政课教师从讲台走向网络,带着学生从学校走向社会的心路历程。视频深情讲述了一群有坚定信仰的老师为什么要跳出舒适圈,走向互联网;深刻阐释了之所以敢于一次又一次从已知向未知探索,从开始向新的开始出发,皆因为对于信仰的坚定和对真理的追求。视频用贴近青年实际的真诚内容,符合互联网传播规律的话语阐明了"中国共产党为什么能,中国特色社会主义为什么好,归根到底是马克思主义行,是中国化时代化的马克思主义行"的深刻意义。该视频播放量达到 145 万,点赞量超过 1 万。

围绕"天津五一解放桥开桥"红色热点,在抖音平台推出《解放桥背后的故事》短视频,通过讲述解放桥的历史,帮助学生了解自己所求学的城市,教育引导学生热爱自己所求学的城市——天津,播放量达到 10.5 万。围绕五四青年节热点话题,在抖音平台创作作品《你可能不知道的天津市第一位中共党员是个 23 岁的青年人》,通过讲述中共党员张太雷的故事,激发学生的同理心与代入感,讲解五四运动的重要意义,帮助学生坚定理想信念。视频观看量超过 21.4 万,点赞超过 1780 次,该视频播放量在五四期间高于 99.85% 的同类创作者。

(二)精心打磨,服务大社会

如果不借助数字化复原,红色历史的遗址遗存或将消失;如果没有现代化的多样性表达,也难以增进红色文化的情感认同。思政课教师坚持围绕中国共产党成立前后和大革命时期、土地革命战争时期、全民族抗战时期、解放战争时期四个历史时期的时间线索,在微信公众号上开设"党史小课堂"专栏,推出"抗战期间南开师生的爱国壮举""抗美援朝中的天津担当""天津解放"等系列党史故事音频,为师生讲解党的伟大历程和辉煌成就。围绕"中央宣传部梳理发布的第一批中国共产党人精神谱系的 46 种伟大精神"热点,在微信公众号上推出"伟大建党精神""延安精神""脱贫攻坚精神"等中国共产党人精神谱系系列音频,弘扬伟大建党精神,宣传中国共产党人精神谱系,累计浏览量超过 1 万。

截至目前已经发布讲解《中国共产党人精神谱系》37 期,《党史微课堂》61 期,总浏览量 15 万,关注人数近 1000 人。

(三)躬身实践,联动真课堂

在思政课程第一课堂,思政课教师在 10 余门思政课程中全领域、全层次、全过程以"红色文化育心、传统文化育德、科技文化育能"观念推进大思政课建设。守好课堂主渠道同时，推进思政教育、专业教育、社会实践深度融合。同时带领学生开展大思政课实践行活动，让"革命丰碑——天津红色旧址展览""活"起来，带领学生实地参观学习天津发展历程中极具代表性的 10 个线下文博场馆和 2 个线上文博场馆，深入挖掘展陈资料蕴含的思政教育资源，打造"知识传授+历史素养+时代担当+价值引领"的特色思政课实践教学模式，让红色旧址遗存变成"课堂"，让革命文物资料、城市发展成果变成"课本"。

三、主要成效和经验

（一）"网络+思政"的育人模式创新

创造性构建以目标和效果为导向，以思政课改革创新为出发点，以"思政+情怀+热点"为鲜明特征，以"讲好红色故事、传承红色基因"为依托的矩阵化作品模式。形成新媒体传播矩阵，聚焦新媒体契合的、新青年关注的叙事风格，积极打造网络思政文化品牌。运用大数据分析、中文分词等数字技术的加持，将红色文化与"数"说形式结合，吸引青年们主动到历史文献中汲取养分，增强对文化传承与创新的使命感和责任感，积极传播马克思主义信仰的力量。

（二）"网络+人民"的育人内容拓展

在讲好红色天津故事的基础上，依托学校"革命丰碑——天津红色旧址展"，持续探索城市建设背后的文化基因培育、热度温度，并以科普思政为切入点，讲解城市发展规划背后的思想指导，以口述影像、音频等形式结合天津的红色历史讲党的百年辉煌历程，引导学生热爱自己求学的城市。

案例 16

创新红色文化传播方式 擦亮红色建筑资源育人品牌

马克思主义学院 许贵杰

2019 年 9 月,习近平总书记在河南考察时强调,"革命博物馆、纪念馆、党史馆、烈士陵园等是党和国家红色基因库"①。在全面建设社会主义现代化国家新征程中,红色场馆已成为传播红色文化的主阵地,担负着重要的历史使命。

从 2019 年开始,学校综合利用在红色文化遗产方面成果,建立了一座"革命丰碑展馆",是全国首创"以红色建筑讲述地方党史"的红色展览,成为了红色文化传播交流高地。2022 年,天津市委教育工委、市教委发布天津市首批大中小学实践育人一体化精品线路通知,天津城建大学"'革命丰碑——天津市红色旧址展览'—天津城建大学中华优秀传统文化体验中心暨古琴弦歌基地"获批精品线路。2023 年,学校依托"革命丰碑展"平台持续深入开展大中小学思政教育一体化活动,弘扬红色文化。例如,天津市某中学以及其附属小学组织团员、少先队员到天津城建大学开展"共研 共享 共进"研学互访活动。

---

① 《习近平在河南考察时强调 坚定信心埋头苦干奋勇争先 谱写新时代中原更加出彩的绚丽篇章》,新华社,https://www.gov.cn/xinwen/2019-09/18/content_5431062.htm。

一、工作目标与思路

（一）工作目标

革命丰碑展馆作为记载与展示革命历史、宣传与传承红色文化的机构，在"大思政课"综合改革中发挥着思想引领、知识传递、情感共鸣、文化创新等方面的积极作用。学校依托红色场馆自身的资源与平台优势，协同社会各方育人主体，通过场馆展览、活动设计、课程参与、效果评价等途径和方式，切实增强红色文化对受众的感染力和影响力，增强新时代革命历史、红色文化的社会传播效力和育人实效。

（二）工作思路

首先，面对新时代学生，思政课教师要以马克思主义的世界观和方法论为指导，优化教学思路，充分利用革命丰碑展馆的社教资源，为学生提供实践机会，让学生走进社会、感受历史、体悟精神，使学生全身心地受到红色文化的感召，从而成为有理想有担当的社会主义建设者和接班人，这是思政课铸魂育人的主旨所在。

其次，高校具有社会服务和文化传承的职能，革命丰碑展馆育人正是坚守红色文化立场、方向的重要举措，深入挖掘并提炼出天津特有的精神内涵、红色基因、榜样力量与时代价值，能够更好地彰显红色文化的独特魅力，激扬爱国主义深厚情感。

此外，革命丰碑展馆可以积极与社会资源合作，借助外部力量促进红色文化的传承和发展。与文化机构、博物馆、文化名人等合作，可以为高校提供更多传统文化资源和专业支持。这种合作可以帮助高校更好地将红色文化引入到校园文化建设中，丰富校园文化的内涵。

最后，以党建为引领，革命丰碑展馆还可以积极与企业、政府、非政府组织等各方建立党建共建发展伙伴关系，共同推动革命文化的传承和发展。这种多元化合作有助于将红色文化元素融入到社会各个领域，拓展红色文化的影响力，提高其在当代社会的认可度。

二、实施方法和过程

（一）深入挖掘史料，为文化建设赋能增效

为真正发挥好红色场馆在红色文化建设、传播中的功能和作用，学校在尊重历史、紧跟时代的前提下，以天津市现存红色旧址为主体，精选新民主主义革命时期的100处红色旧址，按照中国共产党成立前后和大革命时期、土地革命战争时期、全民族抗战时期、解放战争时期四个历史时期的时间线索，汇聚革命历史、现状信息、历史地图、测绘扫描和保护利用等多方面的成果，进行系统整理和保护，同时深入挖掘红色建筑背后的故事、核心内涵和价值，对其内涵加以补充、拓展、完善，赋予新的时代内涵和当代表现形式，把红色资源转化为党史教科书，让红色基因、革命薪火代代传承。为红色文化建设增添新内容，使红色文化的当代价值得到充分弘扬。

（二）策划主题活动，大力传播天津红色文化

面向新时代大学生和青少年群体，学校精心设计了实践育人路线，把抽象的红色文化以具体的展板、建筑模型等方式展现出来，给学生以更加直观的学习。依托革命丰碑展馆平台开展各类主题活动，比如策划开展"革命丰碑展"宣讲员选拔活动，充分运用展览的成果，组织思政课教师、专业课教师、青少年实地参观学习了解天津地方红色历史，让他们用自己的语言对红色故事进行再创作、再演绎。在研究性学习、转化性创作、创新性展示的过程中，让红色基因和革命传统在心中生根、开花、结果，让红色文化传播团队不断壮大。经过探索，形成"教育＋管理"模式，定期举办讲解志愿者培训，实现以红色平台助力育人和红色文化传播。此外，充分运用史志馆丰富的红色文化资源，根据受众定位，精心策划活动主题，比如面对青少年，通过"'革命丰碑——天津市红色旧址展览'—天津城建大学中华优秀传统文化体验中心暨古琴弦歌基地"线路，组织青少年既学习红色革命文化、传承红色精神，又能接受中华优秀传统文化熏陶。

（三）利用课堂主渠道，营造校园红色文化氛围

高校的知识传播者是高校教师，因此为了更好传播校园红色文化，学校鼓励教师在进行日常教学时将红色文化与教学内容有机结合，实现课程思政何思政课程同向同行。例如，建筑学院将专业课程和革命丰碑展相结合，在提升专业能力同时浸润天津红色文化。高校思想政治理论课是进行红色文化教育的最好主课堂，马克思主义学院围绕革命丰碑展打造天津红色记忆选修课精品课程，设计系列专题并且做精做好，依托革命丰碑展开展思想政治教育的实践教学。

（四）运用新媒体技术，创设红色文化"体验空间"

目前网络平台如抖音平台、新浪微博平台与腾讯微信平台都因为迅速与实时互动的特点在高校学生中影响很大。学校紧紧利用现代科技手段和文化创意形式，依托参观客流和社会合作资源，在了解观众需求的基础上，围绕观众复合性参观需要的体验式教育需求，开辟革命丰碑线上展览，准确提供符合观众具体需要的线上红色文化服务。由"千人一面"到"千人千面"，从而提升红色文化传播的效果。

（五）开发创意产品，助力红色文化走进家庭和社会

近几年来，文创市场掀起了一波红色热潮，众多红色文创产品强势出圈。学校围绕革命丰碑馆已有的资源，深挖红色建筑背后的革命历史，提炼主题元素，设计出木刻版画等文创产品，兼具历史厚重感和艺术美感，让红色文化的印记、精神文创产品一起进入家庭和社会。讲述英雄故事、铭记英雄壮举、传承英雄精神。

（六）坚持共建共赢，形成红色文化合作纽带

开展红色文化传播，不仅需要红色文化场馆的全力投入，更需要社会各界的合作共建、齐抓共管、协同配合。将继续与秦淮区以及全市中小学校深化馆校合作，因校因区定制专项活动，激发师生主观能动性，共同打造具有雨花台特色的"大思政课"课堂，培养青少年成长为担当民族复兴大任的时代新人。

三、主要成效和经验

（一）成效

1.围绕天津红色文化,结合学校专业特色,挖掘天津红色建筑背后的党史故事,并利用网络资源技术搭建线上展馆,线上线下同步育人,可以足不出户感受历史、现实和未来,可以满足党员、学生对于红色文化教育内容的学习以及开展党建活动,通过手机资源开发和运用让思政教育信息全天候、随时随处可看、可读、可享,丰富了党性教育活动的内容,拓宽了党性教育活动的范围。

2.革命丰碑展馆为思政课实践教学提供了重要资源,结合课堂讲述,挖掘天津红色革命文化的"情感支点",深入展馆实地学习了解红色建筑背后蕴藏的精神内涵、智慧及启示,只有直抵人心的力量,才能引发强烈的价值共鸣,激发学生成长成才、以身许国的志气、骨气和底气。

3.通过挖掘天津红色建筑背后的红色文化,提取思政内容和元素,与城建专业特色结合,丰富课程思政建设,突出铸魂育人的生动性,利用测量、绘制、雕刻等专业课程技能,给予学生沉浸式的教育体验,把党史的厚重、红色文化的力量,留在每位学生的学习过程里,以最直接的实际操作、观看学习,带领大家回到感悟革命建设时代中国共产党人抛头颅洒热血的奋斗故事,培养学生正确的价值观、动人的情感,在潜移默化中实现红色基因的传承。

（二）经验

1.发挥学生主体作用。学校在加强校园红色文化建设和发挥场馆育人作用时,必须要以学生为本,在切实尊重学生的主体性的基础上引导学生,增强学生参与的积极性与主动性,保障育人效果达到预期。校园红色场馆建设的推动与发展,归根结底是为了促进学生自身的发展。为此,想要更好传播校园红色文化实现场馆育人作用非常有必要探索如何调动学生积极性,引导学生进行主动学习。高校进行红色文化教育时,要把握学生的兴趣点,使蕴含红色文化内涵的校园红色文化与时俱进,在传播时对校园红色文化进行一定的创新与加工,使校园红色文化不是红色文化的重复演绎,而蕴含新时代的创新与发展。

2.发挥学校专业优势。围绕革命丰碑展红色文化场馆所具有的丰富资源,系统探索在专业课程中充分利用场馆红色文化资源的有效途径,更好地在课堂中融入红色文化,引导学生树立共产主义远大理想和中国特色社会主义共同理想。红色资源的内容、场地、环境等蕴含着丰富的信息,不同专业的大学生可以从本专业视角出发研究学习,将红色文化教育与专业学习、运用相结合。如红色资源所在地的选择与当地当时的地理位置、交通、人文必然有密切的联系,建筑、交通工程、测绘等不同专业的学生可以从专业角度分析,不仅深化对红色文化的认识,还扩展专业知识的运用场域。翻译专业学生可以把红色资源外译,强化中国红色文化国际传播,实现思政课程和课程思政双重铸魂效果。

3.发挥"党建+"活力。聚焦人民群众、党员干部党史学习与接受革命传统教育需求,学校发挥"党建+"活力,多维度全覆盖实施精准供给,打出革命丰碑展党史教育品牌建设组合拳。积极参与大中小一体化建设、支部共建等活动,鼓励共建单位根据展览主题在展馆开展主题党日、学习教育等活动。依托革命丰碑展馆,配合国家发展趋势,发挥"党建+"活力,展示天津当地革命史料及研究成果,创设红色文化遗产研究院,形成"一展千面"的传播效果。同时,从党建共建层面出发,发挥天津市各展览馆在合作推介、设计制作、策划运营、宣传推广等领域的平台优势,实现优势共享、学习共助、合作共赢,促进天津本土红色文化深度挖掘与传播,努力成为红色文化传播与场馆育人新高地。

案例 17

助推红色文化传播　擦亮时代育人底色

马克思主义学院　周　乔

习近平总书记曾经指出："革命博物馆、纪念馆、党史馆、烈士陵园等是党和国家的红色基因库。要讲好党的故事、革命的故事、根据地的故事、英雄和烈士的故事,加强革命传统教育、爱国主义教育、青少年思想道德教育,把红色基因传承好,确保红色江山永不变色。"[①]红色文化是天津一面极为鲜明的旗帜,利用好红色场馆,讲好红色故事,传承红色基因是高校义不容辞的责任和使命。2021 年,为庆祝中国共产党成立 100 周年,在市委宣传部支持下,天津城建大学 2019 年举办的"革命丰碑——天津市革命遗址展览"进行了优化升级,形成了现在的"革命丰碑——天津市红色旧址展览"。该展览开放以来,面向社会各界进行爱国主义教育,生动鲜活地讲述红色革命故事,追溯红色记忆,传承红色基因,充分挖掘和发挥了革命旧址在宣传党的光辉历史和伟大精神方面的重要作用。

一、工作目标与思路

高校立身之本在于立德树人,而人的思想植根于人本身所接触到的社会实践和所处的社会环境。本土红色文化无疑在塑造人、涵养人、培养人方面具有其独特的优势。天津是一座具有革命传统的城市,涌现出一批革命

---

① 2019 年 9 月 16 日,习近平在河南考察时的讲话。

先辈和先进人物,发生了许多可歌可泣的红色革命故事,遗留下多处珍贵的革命旧址。天津城建大学建立"革命丰碑——天津市红色旧址展览"的目的在于更好地将党史育人和高校立德树人的根本任务联通起来,主动参与到地方红色文化的弘扬和传播工作中去,让更多人了解这些红色旧址所承载的共产主义的崇高理想、革命必胜的坚定信念、不畏牺牲的英雄气概和改革创新的鲜明品格,增强公民为国家和民族前途命运而不懈奋斗的使命感和责任感。

（一）建立完善数字化红色文化资源库,推动数字化保护
　　　传承工作再上台阶

贯彻落实国家文化数字化战略,建立红色文化资源"数据库",对天津红色文化资源进行整体性挖掘与结构性整合。"积极与校内和校外相关单位对接,与天津市测绘院、和平区文旅局等开展合作,通过大数据技术,将各种红色文化资源以数字化个性化方式处理,实现创造性转化和创新性发展,为红色文化资源研究与传播奠定坚实基础。"①

（二）持续通过媒体平台开展宣传报道,提升红色文化传播
　　　知名度和影响力

聚焦城大行动,充分利用校内校外各大媒体平台资源,如新华社、《人民日报》、光明网、《中国教育报》等官方媒体平台,以及学校"天城·融媒"平台、天津城建大学微信公众号、网络思政名师工作室和"马老师说"节目,围绕红色文化资源传承保护、城市更新行动、人民城市建设成果等主题,开展形式多样的网络宣传工作,"全方位、多角度、立体式讲好全校师生在教学、科研、文化交流、服务经济社会发展的故事"②。

---

① 《实干 2024！天城大红色文化遗产研究院蓄力出发！》,https://www.tcu.edu.cn/info/1054/4015.htm。

② 《实干 2024！天城大红色文化遗产研究院蓄力出发！》,https://www.tcu.edu.cn/info/1054/4015.htm。

（三）着力打造红色文化研究院平台，推进文化传承发展取得
　　　新进展新成效。

红色文化遗产研究院作为一个跨学科的综合性研究平台，"要系统性推进红色资源挖掘、阐释、保护利用、管理、传承一体化工作，全面实施红色文化浸润工程"①，不断强化理论研究、开展调查研究、推动成果转化，努力形成一批有思想深度、理论创见、决策价值和重要影响的理论文章、研究课题和学术专著等，打造具有创新性、示范性和引领性的红色文化品牌，为天津市社会主义现代化大都市建设做出新的更大贡献。

二、实践方法和过程

（一）挖掘整理红色资源，为红色文化传播提供内容支撑

早在 2019 年，校党委就以庆祝中华人民共和国成立 70 周年为契机，"依托城市建设和城市文化两大学科群特色，在建筑学院组建了红色资源保护利用研究团队，并联系党史和文物部门，利用假期组织师生普查天津市红色文化旧址"②，建立了天津市红色旧址信息数据库，对部分旧址进行了建模复原。信息时代，能打动人的故事，才能拥有更多受众、实现更好传播。红色文化传播的效果主要取决于三个方面，一是在于故事本身，即选取的故事是否具有典型性和感染力；二是在于叙事的方式和载体是否是大众所喜欢和接受的；三是在于演讲者的能力和水平，包括语言表达、情绪渲染、故事设计等。为了加大天津市红色文化的研究和传播力度，打造精品思政课，天津城建大学马克思主义学院以"革命丰碑——天津市红色旧址展览"为依托，组织全体思政课教师采用网上搜集史料+实地参观旧址的方式，挖掘整理了 100 个红色故事，编写了 100 个教学案例，在革命丰碑现场和红色革命

---

① 《实干 2024！天城大红色文化遗产研究院蓄力出发！》，https://www.tcu.edu.cn/info/1054/4015.htm。

② 《津城建筑　蕴藏多少红色记忆》，《今晚报》，https://finance.sina.com.cn/jjxw/2022-05-26/doc-imizirau4796604.shtml？cref=cj

旧址录制了 100 个红色案例微视频,并上传超星平台,为红色文化传播提供了内容支撑。

(二)组建师生讲解团队,为红色文化传播培育主体力量

通过师生自荐和院系推荐,经校党委审核把关,目前已组建了一支思政课教师+优秀学生代表的近 90 人的志愿讲解员队伍,为红色文化传播培育了主体力量。学生讲解员涵盖多个专业,以建筑学院学生居多,他们结合自身专业特色和优势,从建筑设计、国际传播、文旅融合等多种视角讲述红色建筑里的党史故事。这些学生讲解员均参加过"革命丰碑"的思政课实践教学活动,而后成为"红色讲堂"中的讲解员,实现了由内而外的思政育人效果的外溢。目前,天津城建大学师生讲解团队已累计接待各级各类企事业单位和社会团体高达 20000 余人次。

(三)推进校际合作共建,为红色文化传播汇聚强大合力

全国教育大会要求"健全立德树人落实机制",学校紧紧围绕立德树人这一主线,将革命丰碑建设成为"大中小思政课一体化"实践教育基地,与天津市 20 多所中小学签订大中小思政一体化合作共建协议。按照循序渐进、螺旋上升的教育教学规律,结合大中小不同年龄段学生认知水平,针对不同群体,天津城建大学马克思主义学院和中小学围绕"天津市红色文化融入思政课教学""大思政课实践行"等话题开展集体备课、教育培训、实践研学、项目申报等活动,探索编写出适合不同学段的思政课教学课件和场馆实践教学方案。思政课教师通过校际合作共建,为红色文化传播凝聚强大合力。

(四)打卡校外红色场馆,为红色文化传播形成示范效应

为了让学生沉浸式体验天津城建大学革命丰碑中的部分天津市红色旧址,校党委已开展了两次大思政课实践行活动。2023 年 5 月 13 日起,满载1000 余名学生的 19 辆大巴车从天津城建大学出发,奔赴全市 10 个极具代表性的红色场馆开启"行走的思政课",21 名思政课教师走心式讲述"红色江山来之不易",千余名学生沉浸式体验"近代百年看天津",感悟"青年强

则国强"。此次"革命薪火永相传"大思政课实践行活动经验做法被天津市学校思想政治工作委员会汇编的《学校思想政治工作情况》2023 年第 5 期收录。此外,还被《人民政协报》、《今晚报》、中国教育新闻网、搜狐网等多家媒体报道,为红色文化传播形成示范效应。2024 年 5 月 25 日至 6 月 27 日,天津城建大学为期一个月的"我热爱的求学城市"大思政课实践行浩浩荡荡又井然有序地火热推进,全校共计 1800 多人次奔赴天津博物馆、天津觉悟社纪念馆、天津规划展览馆、天津建筑工法展览馆、天开高教科创园、南开医院这 6 个深刻展现天津城市魅力的特色场馆,带领同学们共同探寻津沽大地得天独厚的灿烂文化,引导同学们了解天津、热爱天津、建设天津、扎根天津。此次实践行活动,再次获得了来自学生和社会的高度认可,《人民日报》、新华社、"学习强国"、《中国青年报》、津云、天津新闻广播、网信天津、《天津教育报》等多家媒体给予关注与报道。

三、取得成效与经验

(一)深化课程改革,建设具有城建特色的"课程思政"和精益求精的"思政课程"

紧抓教师队伍"主力军",站稳课程建设"主战场",畅通课堂教学"主渠道",深入挖掘各类课程蕴含的育人资源,"积极打造具有城建特色、典型示范效应和较好推广价值的多层级、多类型课程思政示范项目"[①]。建筑学院通过"识红色建筑、画红色建筑、读红色建筑、测红色建筑、讲红色建筑",使学生全方位学习革命历史,传承红色基因,厚植爱国情怀。马克思主义学院教师依托自身的专业理论素养对党史故事进行挖掘、梳理、调研、编写、设计、录制,每一个环节都精益求精。作为"革命丰碑"的延伸,马克思主义学院还开设了《天津红色记忆》公共选修课,将红色建筑背后的党史故事娓娓

---

① 《高质量构建具有城建特色的新时代思想政治工作体系》,《天津教育报》,https://www.tcu.edu.cn/info/1055/1811.htm。

道来。各学院则结合专业特色开设了系列红色文化类课程,进一步丰富了"思政课程"和"课程思政"的教学资源,切实将"革命丰碑"蕴含的丰富的红色资源转化为思想教育的显著优势,实现了良好的课程协同育人效果。

(二)坚持立德树人,打造"三位一体"实践教学模式,助力
　　大中小学"五育并举"

天津城建大学深入贯彻落实新时代党的教育方针,着力打破学段壁垒、清除合作渠道障碍,积极推进大中小学思政课一体化建设,探索资源整合互通共享机制,构建"螺旋上升、循序渐进"的一体化育人格局。天津城建大学还构建了"'革命丰碑——天津市红色旧址'展览—中华优秀传统文化体验中心暨古琴弦歌基地—物理科学与创新实践科普"这样一个链条式研学路线,将红色文化浸润、传统文化涵养和科技文化滋养有机融合,打造"三位一体"大中小学思政课实践教学模式,助力大中小学"五育并举"。让红色旧址遗址成为"第二课堂",让革命文物资料、现代化建设成果成为"活教材",让英雄模范成为"好老师",这是天津城建大学落实立德树人根本使命的经验做法。

(三)深化理论研究,以科研促教学,以教学带科研,擦亮
　　红色文化铸魂育人名片

"天津城建大学依托革命丰碑展推出了一批高水准研究论文和理论文章,产出了一系列理论研究成果,获批了天津市哲学社会科学规划项目,获得了市高校智库优秀决策咨询研究成果奖、市行政管理科研成果奖等奖项。"①2023 年 11 月 22 日,天津城建大学红色文化遗产研究院揭牌,这也是天津市首个红色文化遗产研究院,并成功举办"用好红色资源,传承红色基因"研讨会,许多专家学者前来参会发言,对天津城建大学近年来的工作成效给予高度评价。依托革命丰碑这一校本实践基地,天津城建大学积极推进"品牌强校"城大行动,整理编写红色资源保护利用和红色文化传承的生

---

① 《"革命丰碑——天津市红色旧址展览"开幕》,https://xcb.tcu.edu.cn/info/1792/5666.htm。

动案例,擦亮红色文化铸魂育人的名片,助力学校高质量发展。

(四)做好社会服务,践行人民城市理念,成为城市文化建设与
　　经济发展一分子

城市为大学发展提供了滋养的沃土,大学为城市建设贡献了有力的支撑。作为城建类高校,天津城建大学践行人民城市理念,充分发挥建筑资源保护和利用的专业优势,于2019年普查复查天津市356处革命遗址,深度挖掘其中142处,重点测绘20处重要革命文物。2021年,又新测绘红色旧址18处,建立了天津市430处红色旧址信息数据库,"全面分析了建筑特点和建筑形态的演变,汇聚了革命历史、现状信息、历史地图、测绘扫描和保护利用等多方面的成果,不仅让学校更好地履行了教学科研、服务社会、传承文化的职能,还开创了天津市高校在革命遗址挖掘、保护、开发利用领域的先河"[1],为天津文化建设与经济发展做了贡献。

---

① 《"革命丰碑——天津市红色旧址展览"亮相天津城建大学》,《中国青年报》,http://news.cyol.com/gb/articles/2021-06/11/content_6PNaMTjpG.html

案例 18

红色根脉今朝花　革命薪火心中传

——天津城建大学革命丰碑展让红色遗产讲述震撼心灵的故事

马克思主义学院　王　琳

　　近代中国看天津,作为见证了百年中国沧桑巨变的城市,天津在近代中国的历史进程中扮演了举足轻重的角色,她不仅是见证近代西方文明最早抵达中国的城市之一,在波澜壮阔的城市发展历史中,也交织着中国共产党为争取民族独立、人民解放而英勇奋斗的光辉历史。五四运动后,特别是中国共产党成立以来,天津这块热土涌现出众多革命志士,发生过许多重大革命活动。李大钊、周恩来、邓颖超、张太雷、于方舟、吉鸿昌等,都在这里留下了光辉足迹。而那些静默矗立在街头巷尾的多处红色革命旧址,如中共天津顺直省委、中共中央北方局、中共天津地方执行委员会、天津市军事管制委员会等,仿佛能够穿越时空,诉说激荡人心的往事,将人们带回那些壮烈激昂的时刻。坐落于天津城建大学校内的革命丰碑展馆,则赋予了这些红色记忆以新的生命。

一、工作目标与思路

　　革命丰碑展馆的建立,源于天津城建大学对红色文化传承重要性的深刻认识和积极践行。展馆以天津市现存红色旧址为主体,按照不同历史时期的时间线索,通过多种展示方式讲述红色革命故事,追溯红色记忆,传承红色文化,充分发挥了革命旧址在宣传党的光辉历史和伟大精神方面的作用。展览内容以新民主主义时期天津党史发展脉络为主线,分为四个板块:中国共产党成立前后和大革命时期(1919 年 5 月—1927 年 7 月),土地革命战争时期(1927 年 8 月—1937 年 7 月),全民族抗战时期(1937 年 7 月—1945 年 8 月),解放战争时期(1945 年 8 月—1949 年 9 月)。走进展馆,仿佛穿越时空的长廊,每一处模型、每一幅图片,都在无声地诉说着百年党史的波澜壮阔。这里,历史尘埃未曾落定,革命火种依旧生辉。从大革命的波澜壮阔到抗日战争的艰苦卓绝,从解放战争的硝烟弥漫到新中国成立的曙光初现,每一个展区都是一段传奇,都是一堂生动的历史课和思想政治教育课。

天津城建大学革命丰碑展馆的建立和运营,得到了天津市政府、教育部门以及社会各界的大力支持和广泛关注。展馆不仅成为了天津城建大学师生学习革命传统、传承红色基因的重要场所,也成为了天津市乃至全国进行爱国主义教育和革命传统教育的重要基地。革命丰碑展不仅是天津城建大学履行教学科研、服务社会、传承文化职能的体现,也开创了天津市高校在革命遗址挖掘、保护、开发利用领域的先河。

二、实践方法和过程

为了保存天津丰富的红色历史记忆,将红色文化融入教育教学,2019年 9 月,天津城建大学依托学科优势,启动了对天津市革命遗址的测绘和资料整理工作,用最新的建筑测绘技术和丰富翔实的城市历史研究,普查复查了天津市 356 处革命遗址,深度挖掘了其中 142 处,并重点测绘了 20 处重要革命文物。此外,学校还建立了天津市 430 处红色旧址信息数据库,梳理出了这些红色旧址的前世今生,全面分析了建筑特点和建筑形态的演变,汇聚了革命历史、现状信息、历史地图、测绘扫描和保护利用等多方面的成果。每一处红色旧址的图文资料都体现了多学科的交叉合作,涉及中共党史、军史、建筑史、城市史、近代史、文博等多个专业。为了做好这项工作,天津城建大学师生与天津市党史部门、文物部门、文博单位等通力合作,汇聚起了丰富的天津红色文化资源。

在中国共产党成立 100 周年之际,2021 年 6 月,由天津市委宣传部主办、天津城建大学承办的"革命丰碑——天津市红色旧址展览"开幕。学校在此前工作的基础上,进一步进行了资源整合,丰富和升级了展览内容,更加深入地挖掘了革命旧址背后的红色基因,并紧密结合学校的建筑类院校特色,融入了课程思政教育元素。展览从 430 处天津红色旧址中精选 100 处,师生们发挥专业优势,通过三维扫描、建模、测绘等工作,制作出多套精致逼真的三维立体建筑模型,与一张张不同历史时期的城市地图相对照,利用丰富的多媒体展示技术,向参观者讲述那些楼阁里巷在百年党史中经历的风雨沧桑,人们仿佛"穿越"时光,重温 20 世纪的红色记忆。当三维模型、二维图片等资料以空间的形式勾连起时间时,隐没在历史深处的烽火岁月、英雄人物,以及其间蕴含的巨大精神力量便在今日的时光中随之"复活"了,熠熠生辉,震撼人心。

为了更好地发挥革命丰碑展馆在传承红色文化、弘扬爱国主义精神、加强革命传统教育等方面的作用,天津城建大学打造了融专业教学、学科科研、课程思政、思政课程于一体的红色文化教育模式,并形成了包括红色资源保护研究团队、红色资源数据库、革命丰碑展馆、优质红色大课堂等在内的多项重要成果。

2023 年 7 月,天津首个红色文化遗产研究院天津城建大学红色文化遗产研究院成立,11 月 22 日,正式揭牌。虽然成立时间不到一年,红色文化遗产研究院硕果累累。其中,红色文化大数据中心在红色资源普查、测绘的基础上,通过对天津红色建筑、文献、图片、文物等进行了数据收集、挖掘、梳理与整合,建构起红色资源库,推动数字化保护传承方面的工作成效显著;下一步将积极与校内和校外相关单位对接,计划与天津市测绘院、和平区文旅局等开展合作,通过大数据技术,将各类红色文化资源以数字化个性化的方式进行处理,实现创造性转化和创新性发展,为红色文化资源研究与传播奠定坚实基础。红色文化传播中心则致力于推动红色文化传播,持续推进革命丰碑展馆建设,面向师生、社会开展红色文化教育,传承红色基因,赓续红色血脉。红色文化育人中心利用网络思政名师工作室"'城'不欺我的马老师"抖音号,生动讲述天津红色文化故事,进一步创新了育人载体;组织千余师生奔赴天津十个红色场馆,打造"行走的大思政课";深入挖掘天津红色资源,撰写红色文化教学案例和录制红色文化微视频。

三、取得成效与经验

革命丰碑展馆不仅是一个展示平台,更是一个教育平台。天津城建大学依托展馆资源,开展了丰富的教育活动,旨在通过多种形式,让红色文化精神广泛传播并更加深入人心。现在,"革命丰碑——天津市红色旧址展览"已成为师生现场教学、情景体验的重要场所。每个新学年伊始,学校会通过典礼仪式、参观实践、校园文化活动等多种形式,充分利用"革命丰碑——天津市红色旧址展览"的丰富的红色资源,上好新生思政教育"第一课"。

马克思主义学院根据 100 余处天津市红色旧址,整理了 100 多个革命故事,在旧址现场拍摄了 100 余个思政教学视频,编写了上百个教学案例,打破了思政课堂的边界。每学期,马克思主义学院教师都会结合具体教学内容、依托革命丰碑展馆创新教学模式,积极开展教师主讲、学生主讲、互动讨论等多种形式的现场教学,让革命丰碑展馆变成生动的思政"课堂",让革命文物资料、城市发展成果变成鲜活的"课本",改变了传统教学课堂讲授为主的方式,通过追寻历史遗迹、探寻历史脉络、观摩发展历程来丰富思政话语体系,使思政理论课堂"活"起来,"生动"起来,更加贴近人心,让学生们在真切感悟和巨大震撼中体会理论,破解困惑。此外,学校还突出专业特点和优势,开设了"中国建筑史""建筑测绘""建筑设计"等课程,通过对红色建筑"识、画、读、测、讲",促进学生全方位学习革命历史,以渐次递进、浸润式的教学方式推动爱国主义教育入脑入心,坚定学生的理想信念,传承红色基因。教学模式的创新也使得越来越多的工科学生对党史产生了浓厚的兴趣。他们从建筑历史、城市发展史等多角度出发,沿着数百个红色旧址分析出天津党史人物活动轨迹、革命活动选址与城市空间、城市发展进程的关系;与此同时融入思政教育元素,注重深入挖掘革命旧址背后的红色基因,让建筑"讲好"红色故事。在这个过程中,今日的青年学生以一种特殊的方式与革命前辈相遇,似乎能够看到他们在风云际会的大时代不屈不挠、勇毅前行的红色人生。身临其境地学习带给学生的不仅是党史知识的丰富,更是触及灵魂的巨大震撼。在挖掘天津红色旧址故事、翻开红色建筑这本生动的"党史教科书"过程中,天津城建大学作为建筑类院校把思政教育和专业教育、第一课堂与第二课堂有机融合,将革命旧址蕴含的丰富红色资源转化为思想政治教育的优势,提升了思政教育体验和育人效果。

革命丰碑展馆不仅是天津城建大学在校师生进行红色文化教育、传承革命薪火的重要基地,也已成为天津市进行爱国主义教育和革命传统教育的重要场所。天津城建大学马克思主义学院积极开展大中小思政课一体化共建工作,面向中小学学生开放革命丰碑展馆等实践教学基地,由学校师生担任展馆讲解员,开展实践育人活动,通过讲述那些永不褪色的红色故事,激励参观者为了更加美好的未来而不懈奋斗。

天津城建大学革命丰碑展馆依托建筑类大学的学科优势,在红色文化遗产的保护、传承和研究方面取得了显著成效,推动了多学科交叉研究和高质量社会服务,为红色文化遗产的保护利用提供了科技平台的支撑,促进了红色文化传播和思政育人工作,同时,该校也打造出了融专业教学、学科科研、课程思政、思政课程于一体的红色文化教育模式,形成了多方面的重要成果,这种将红色资源融入专业课程、走入思政课程的模式,不仅打造出了高校思政教育的亮丽名片和立体的红色文化品牌,更有力支持了新时代的红色文化教育和革命传统教育。

参考文献:

1. 天津城建大学:让红色旧址"讲好"红色故事,中国教育新闻网(2021-10-29),http://www.jyb.cn/rmtzgjyb/202110/t20211029_632103.html.

2. 天津城建大学师生从建筑遗址中挖掘红色故事,传承红色文化,今晚报(2022-05-26).

3.翻开红色建筑这本生动的"党史教科书"让红色建筑"讲好"红色故事,中青在线(2021-08-13),http://news. cyol. com/gb/articles/2021-08/13/content_mEpeOtVvl. html.

4.实干2024!天城大红色文化遗产研究院蓄力出发!天津城建大学信息公开网(2024-03-28),https://xxgk. tcu. edu. cn/info/1047/10803. htm.

案例 19

传承红色文化　镌刻革命丰碑

——天津城建大学革命丰碑展挖掘红色遗产、追寻红色记忆的案例

马克思主义学院　刘鹏超

"九河蜿蜒源远流长,几番故事几辈人再讲。"有这样一座城市,她1404年正式筑城,有着悠久的历史文化。她是中国近代历史的缩影,见证了近代中华民族屈辱、抗争与复兴的历史,在中国近代历史上居于重要地位,她就是天津。五四运动后,特别是中国共产党成立以来,在天津这方热土上涌现出众多革命志士,经历了许多重大的革命活动。李大钊、周恩来、邓颖超、张太雷、于方舟、吉鸿昌都在这里留下了光辉足迹;中共顺直省委、中共中央北方局、中共天津地方执行委员会、天津市军事管制委员会等机构也在此留下了红色旧址。天津城建大学通过挖掘红色遗产,追寻红色记忆,传承红色文化,镌刻革命丰碑,赋予这些红色旧址以新的生命,建立了革命丰碑展馆。

一、工作目标与思路

天津是一座英雄的城市、光荣的城市,中国共产党成立以来,在这片热土上涌现出众多革命志士,经历了重大的革命活动,也因此留下了许多重要的红色旧址。天津城建大学追寻红色印记、寻找红色旧址,将党史资料与历史建筑结合起来,灵活运用专业技能,结合现代科技,将与按比例还原的三维立体建筑模型呈现出来,打造革命丰碑展馆。

（一）工作目标

习近平总书记高度重视革命文物的保护工作,强调要发挥好革命文物在党史学习教育、爱国教育等方面的作用。天津城建大学充分发挥革命文物的教育作用,以天津市现存红色旧址为主体,精选了新民主主义革命时期100 处具有代表性的旧址进行集中展示。展览分为四个板块:中国共产党成立前后和大革命时期(1919 年 5 月—1927 年 7 月),土地革命战争时期(1927 年 8 月—1938 年 7 月),全民族抗战时期(1937 年 7 月—1945 年 8 月),解放战争时期(1945 年 8 月—1949 年 9 月)。步入展馆,仿佛通过时光穿梭机走入了那段波澜壮阔的历史,每一处建筑模型、每一幅历史图片、每一个陈列展示,都在向人们讲述着中国共产党百年奋斗的历史故事。从大革命失败的血雨腥风到井冈山的星火燎原,从抗日战争的艰辛斗争到新中国成立的胜利曙光,每一个展区都承载着不同时期的历史记忆,拭去历史尘埃,我们寻找到真实的、鲜活的、直观的历史。这无疑是一堂别开生面的思想政治教育课。

(二)工作思路

展馆在建立和运营期间,得到了天津市政府、市委宣传部、教育部门、大中小院校以及社会各界的大力支持和广泛关注。空间勾连起时间、人物,革命人物和故事的精神力量也随之"复活",为广大师生提供学习传承红色文化的实践课堂,也为天津市爱国主义教育和革命传统教育提供学习基地。展馆的开办,不仅让学校更好地履行了教学科研、服务社会、传承文化的职能,也是学校思政教育与专业教育、第一课堂与第二课堂有机融合的一次有益尝试。

二、实践方法和过程

(一)实践方法

天津城建大学依托革命丰碑展馆,结合天津近代历史文化的特点,成为校内外师生和各界人士交流学习的重要场域。展馆开办以来,组织形式多样、特色鲜明、内容丰富的红色文化宣传工作,有效沟通了线下与线上、校内与校外、课上与课下,对传承红色文化、弘扬革命精神具有重要意义。

(二)实践过程

2019年9月,天津城建大学依托学科优势,启动了对天津市革命遗址的测绘和资料整理工作,用最新的建筑测绘技术和丰富翔实的城市历史研究,普查复查了天津市356处革命遗址,深度挖掘了其中142处,并重点测绘了20处重要革命文物。与此同时,学校还建立了天津市430处红色旧址信息数据库,梳理出了这些红色旧址的前世今生,全面分析了建筑特点和建筑形态的演变,汇聚了革命历史、现状信息、历史地图、测绘扫描和保护利用等多方面的成果。此外,天津城建大学马克思主义学院还根据100余处红色旧址,整理了100余个天津红色党史革命故事,拍摄了100余个思政教学视频,将革命旧址蕴含的丰富的红色资源转化为思想教育的显著优势,打造思政教育亮丽名片。每学期,马克思主义学院教师都会结合具体教学内容、依托革命丰碑展馆创新教学模式,积极开展教师主讲、学生主讲、互动讨论等多种形式的现场教学,让革命丰碑展馆变成生动的思政"课堂",让革命文物资料、城市发展成果变成鲜活的"课本",改变了传统教学课堂讲授为主的方式,通过追寻历史遗迹、探寻历史脉络、观摩发展历程来丰富思政话语体系,使思政理论课堂"活"起来,"生动"起来,更加贴近人心,让学生们在真切感悟和巨大震撼中体会理论,破解困惑。学校还突出专业特点和优势,开设了"中国建筑史""建筑测绘""建筑设计"等课程,通过对红色建筑"识、画、读、测、讲",促进学生全方位学习革命历史,以渐次递进、浸润式的教学方式推动爱国主义教育入脑入心,坚定学生的理想信念,传承红色基因。每一处红色旧址的图文资料都体现了多学科的交叉合作,涉及中共党史、军史、建筑史、城市史、近代史、文博等多个专业。为了做好这项工作,天津城建大学师生与天津市党史部门、文物部门、文博单位等通力合作,汇聚起了丰富的天津红色文化资源。

2021年6月,由天津市委宣传部主办、天津城建大学承办的"革命丰碑——天津市红色旧址展览"开幕。学校在此前工作的基础上,进一步进行了资源整合,丰富和升级了展览内容,更加深入地挖掘了革命旧址背后的红色基因,并紧密结合学校的建筑类院校特色,融入了课程思政教育元素。展览从 430 处天津红色旧址中精选 100 处,师生们发挥专业优势,通过三维扫描、建模、测绘等工作,制作出多套精致逼真的三维立体建筑模型,与一张张不同历史时期的城市地图相对照,利用丰富的多媒体展示技术,向大家展示那些激情燃烧岁月中的历史印记。

2022 年 9 月 28 日,天津城建大学在革命丰碑展馆举行"红色文化实践育人基地"揭牌仪式暨"天津城建大学思想政治教育特聘导师"聘任仪式。革命丰碑展馆持续在传承红色文化、弘扬爱国主义精神、加强革命传统教育等方面发挥作用。

2023 年 7 月,天津首个红色文化遗产研究院天津城建大学红色文化遗产研究院成立,11 月 22 日,正式揭牌。红色文化遗产研究院成立以来,致力于深入挖掘红色遗产、传播红色文化,取得了丰硕的成果。红色文化大数据中心在红色资源普查、测绘的基础上,通过对天津红色建筑、文献、图片、文物等进行了数据收集、挖掘、梳理与整合,建构起红色资源库,推动数字化保护传承方面的工作成效显著;下一步将积极与校内和校外相关单位对接,计划与天津市测绘院、和平区文旅局等开展合作,通过大数据技术,将各类红色文化资源以数字化个性化的方式进行处理,实为红色文化资源研究与传播奠定坚实基础。红色文化育人中心利用网络思政名师工作室"'城'不欺我的马老师"抖音号,生动讲述天津红色文化故事,进一步创新了育人载体;组织千余师生奔赴天津十个红色场馆,打造"行走的大思政课";深入挖掘天津红色资源,撰写红色文化教学案例和录制红色文化微视频。

三、取得成效与经验

(一)取得成效

天津城建大学始终学习贯彻落实习近平总书记"用好红色资源,传承好红色基因,把红色江山世世代代传下去"的指示精神,"革命丰碑—天津市红色旧址"展览自 2019 年以来就承担了红色教育的功能,目前已对天津市 400 余处红色旧址进行测绘,建立了红色旧址数字化数据库。马克思主义学院发挥理论宣讲、阐释和思政课思想政治教育主渠道的作用,组织思政课教师整理 100 个天津红色案例,拍摄了 100 个现场口述史视频,录制了红色故事声播,培育了 20 多名思政课教师成为革命丰碑展馆的讲解员,每学期 4000 名学生在革命丰碑展开展现场思政课教学,围绕革命丰碑展设计了大中小学红色研修路线。还带领 1030 名学生走到天津市 12 个革命场馆进行了线上线下混合的"革命薪火永相传"大思政课实践行教学活动,开设天津红色记忆公共选修思政课。以红色文化为载体开展天津市大中小学思政课一体化、辐射社会开展红色教育培育了师资、储备了案例库、搭建了共建共享共赢的平台,学校将一如既往将红色文化教育持续下去,久久为功,打造成城建特色红色文化教育基地。

(二)基本经验

革命丰碑展馆搭建了一个天津红色文化和历史脉络的平台,串起天津革命历史,呈现出一个天津立体红色旧址地图。在这里,广大师生开展形式多样的现场教学、情景体验;在这里,学校的开学典礼、毕业典礼、开学第一课精彩呈现;在这里,社会各界人士汇聚一堂开展党史学习、爱国主义教育活动。学校充分利用"革命丰碑——天津市红色旧址展览"的开展多样的红色教育活动,让大家加深了对天津近代历史的了解,做好天津红色文化的传播,将红色基因薪火相传!

展望未来,天津城建大学将继续秉承"传承红色文化,启迪未来"的宗旨,不断丰富展览内容,提升服务质量,扩大社会影响力,努力建成天津乃至全国了解中国共产党革命历史、学习红色文化的重要基地。革命丰碑展馆计划引入更多的数字化技术,如虚拟现实(VR)、增强现实(AR)等,使展览更加生动,互动性更强,吸引更多青年学生参与。天津城建大学将充分运用红色资源与历史文化资源提升大思政课育人实效,深入推动红色文化的研究、教育和普及,传承红色文化,镌刻革命丰碑,引导青年学生传承红色基因、赓续红色血脉,厚植爱国之情,砥砺强国之志,实践报国之行!

第三篇

实践育人模式创新

第一版块　实践育人路径

案例20

用红色文化铸魂育人　让"革命丰碑"绽放新时代的光芒
——辅导员工作室的探索与实践

党委学工部　王　菲

为充分发挥学校红色资源育人功能,延展文化内核和教育半径,天津城建大学紧密结合学校建筑类专业特色,将红色文化浸润与大学生思想价值引领深度融合,以学校革命丰碑展馆这一优质的红色资源为平台,积极探索大学生思想政治教育工作新模式,成立"丰碑领航"辅导员工作室,并成功获批首批天津市普通高等学校辅导员工作室,成为推动学校思政工作和人才培养工作的重要力量,在思政相关理论研究和育人实践方面取得显著成果。

一、工作目标和思路

积极整合和利用校内优质教育资源,以工作室建设为牵引,形成一个专业化辅导员团队,一体化推进全员、全过程、全方位育人格局,持续激发思想政治教育的肌体细胞活力,焕发红色文化资源的时代价值。

（一）"红色铸魂"，以红色资源赋能大学生思想政治教育

工作室围绕"为谁培养人、培养什么人、怎样培养人"这一根本问题，以强化大学生思想教育和价值引领为发展目标，聚焦辅导员队伍建设，充分依托专业课教师和学生骨干，紧密结合大学生成长成才的需求，构建起"一体两翼三阶"的运行体系，即依托革命丰碑展馆这一天津市红色教育基地，坚持"沉浸式学习"和"体验式实践"两条主线，开展拔节、孕穗、壮苗三个阶段进阶培养计划，为不同阶段学生群体精准画像，实现精准供给，使工作室成为"金牌"思政工作团队的智库和思政教育工作创新的"源头活水"。

（二）"双轮驱动"，以研学实践促进大学生全面发展

辅导员工作室坚守红色文化立场，深入挖掘精神内涵，为学生提供了丰富的教学资源和实践场所，以多样化的育人形式激发学生对红色文化的情感认同。在新时代背景下，不断创新和拓展红色文化育人的模式，以"双轮驱动"引导学生亲身体验历史、感悟精神，成为担当民族复兴大任的时代新人。

1. 以"沉浸式学习"增强讲理论、用理论的底气，实现精准化、
   多元化理论供给

为充分发挥党建在高校思想政治教育中的龙头作用，工作室按照学生发展不同阶段，拓展专业导学、互助互学、理论宣讲等多元学习形式，通过不同层次、不同阶段、不同方式的"讲、学、思"，进一步促进理论认同。

精心培育"初心讲堂"、"丰碑"青年荟、"丰碑"四史宣讲团等育人项目，做到紧跟热点话题、直面学生困惑、扎根现实生活，夯实红色教育特色品牌创建基础，为大学生思想价值引领立根筑基，产出一批可复制、可推广的精品育人项目。

2. 以"体验式实践"拓宽培养人、教育人的深度，打造生动的、
   活跃的思政课堂

深入开展红色文化研学实践活动，组织学生以深度参与和体验互动感悟青年大学生担当作为、志愿奉献，通过开展红色美育、红色劳育活动、设计

"红色研学路线"、深度参与革命丰碑展宣讲、开展大中小学结对共建等形式,创造全方位体验式实践平台,引导青年学生用脚步丈量祖国大地,用眼睛发现中国精神,用耳朵倾听人民呼声,用内心感应时代脉搏,以力行促进实践认同。

二、实践方法和过程

在以红色场馆育人模式为核心,推进大学生思政教育的过程中,工作室采取分阶段、多层次策略,围绕落实立德树人根本任务的主线,依托革命丰碑展馆,通过专业导学、互助互学、宣讲拓学的方式,循序渐进,由浅入深地培养青年学生的爱国情怀、社会责任感,将红色场馆育人模式深入印刻到大学生思政教育中。

(一)红色文化育人与青年理论学习的全方位探索

1. 拔节期——专业导学

开展"初心讲堂"精品党课项目,依托革命丰碑展馆的有利平台,与思政课教学和党史学习教育有机结合,凝炼红色建筑背后的红色故事,邀请专家学者深入讲解,制定高品质个性化课程菜单,形成线上、线下多种党课内容,供学生自由选择,全方位打造沉浸式思政课和党课,把历史讲深、把道理讲透、把故事讲活,让听党话、跟党走的信念变成青年学生的自觉追求,引导大学生坚定爱党爱国的坚定信念,培育形成理性而深层的价值观和思维导向。

2. 孕穗期——互助互学

组建"丰碑"青年荟,构建朋辈引领互助机制,牢固树立学生自我教育、自我服务的主人翁意识和在思想政治教育中的主体作用,充分发挥大学生群体中的先进典型的引领示范作用,结合现有的星火班、红旗班、善学计划、科普基地等学习交流平台,在党团班建设、专业学习、学科竞赛、创业就业等方面开展活动,形成学习共同体,成为青年学生交流思想、提升效能、凝聚合力的有力阵地。

3. 壮苗期——宣讲拓学

组建"丰碑"四史宣讲团,拓展理论学习广度。组织学生深入校内各学院、各学生组织,校外中小学、社区等各类场所和不同人群,以四史教育为"养料",培厚学生理想信念"沃土",提高学生结合自身专业讲好中国故事的本领。通过让同学们以青年的视角讲述四史故事,积极发挥'点亮一盏灯,照亮一大片'的引领作用。

(二)红色文化育人与青年社会实践的全方位探索

1. 拔节期——红色体验

建设"红色教育体验中心"。依托"革命丰碑——天津市红色旧址展览"建在天津城建大学这一空间优势,充分实现红色教育在体育、美育、劳育中的融合,充分发挥学校各类科普基地、古琴弦歌基地、劳动实践基地等平台的育人功能,组织开展庄重严肃的仪式教育和多元化的红色文化教育活动,让红色教育在学生的视觉冲击和实际体验中"活起来""实起来"。

2. 孕穗期——红色研学

实施"红色研学实践计划",依托革命丰碑展馆选取的 100 处革命旧址,结合学校专业特色,设计"打卡革命丰碑、探寻津沽文化"主题红色研学路线,成立百人宣讲团,进宿舍、进社区,探寻革命遗迹,通过实地寻访和现场体验,让学生接受党性思想洗礼,深刻感悟中国共产党人的精神谱系。

3. 壮苗期——赋能发展

建立"红色加油站"。将红色教育与专业学习、科技创新、创业就业、征兵入伍等工作内容相结合,开展培养又红又专、德才兼备的高素质人才,让红色教育赋能高质量人才培养,促进学习实践成果转化。

三、取得成效与经验

(一)辅导员队伍建设有力有效

"丰碑领航"辅导员工作室自建立以来,持续以"团队式研学"赋能团队深入发展。通过每周开展一次辅导员早餐会,每两周开展一次主题研学活动,每月组织一次辅导员主题沙龙等形式,搭建学习互助和研究平台,辅导员的综合能力素质和职业认同感不断提升,建设成效显著。1 名成员获评2023 年获天津市十佳辅导员,多名成员在天津市辅导员工作优秀案例、"三全育人"优秀工作案例、高校实践育人工作创新举措优秀案例、辅导员"精彩一课"等各类评选活动中斩获荣誉。在工作室的引领下,学校 3 名辅导员先后获评天津市十佳辅导员,9 名辅导员获评天津市优秀辅导员,4 名辅导员获评天津市优秀共青团干部,1 名辅导员获评"天津向上向善好青年"。3名辅导员获批教育部人文社科研究专项任务项目(高校辅导员研究)立项;1 名辅导员获批教育部 2024 年度高校思想政治工作质量提升综合改革与精品建设项目立项,在天津市高校思想政治工作精品项目、大中小思想政治工作专项课题等思政项目中获批立项 38 项。工作室已成为学校辅导员工作示范区和"样板间"。

(二)思政品牌建设有声有色

紧扣国庆日、建党节、开学季、毕业季等重要时间节点,精心、分类组织开展"初心讲堂"、"丰碑"青年荟、"丰碑"四史宣讲团、"红色教育体验中心"、"红色研学实践计划"、"红色加油站"六个思政品牌一系列活动,通过组织开展高品质、有营养、接地气的理论学习和"沉浸式""体验式""交互式"实践活动,切实强化大学生思想价值引领的成效,让学生真听、真看、真学、真参与,在田间地头、工程项目、校内机关、企事业单位的实践锻炼中长本领、增才干,在"沉浸式""体验式"的学习宣讲中树立正确的人生观、世界观和价值观,营造了"红色文化+"的育人氛围,相关活动被《人民日报》、"学习强国"、津云等重要媒体报道。

深入开展"青年引领助力"工程。以"青年梦""青年派""青年友"为视角,进一步挖掘天城大青年的成长故事,树立优秀学生典型,打造"追光计划"优秀学生巡讲团,积极弘扬朋辈榜样力量,培育成效日益凸显,他们在带头学习、带头宣传、带头奉献中充分发挥朋辈引领作用,相关事迹屡被《人民日报》、高校思政网、"学习强国"、津门教育等重要媒体报道,2 名学生获评天津市高校"大学生年度人物"暨天津市王克昌奖学金特等奖,2 名学员获评提名奖,1 名学员成功入选天津市高校铸牢中华民族共同体意识宣讲团,1 名学生获评 2023 年天津市"大学生自信自强年度人物"暨海河自强特等奖学金,学校连续 4 年获评天津市大学生思想政治教育工作优秀单位。

参考文献:

1. 天津城建大学:多点布局弘扬红色文化[N].中国教育报,2021-01-25(5).

2. 天津城建大学:让红色旧址"讲好"红色故事[N].中国教育报,2021-10-29(4).

3. "革命丰碑——天津市红色旧址展览"在天津城建大学开幕[EB/OL].(2021-06-10)http://www.cnr.cn/tj/tjyw/20210610/t20210610_525509370.shtml.

4. "用好红色资源,传承红色基因"研讨会暨红色文化遗产研究院揭牌仪式在天城大举行[EB/OL].(2024-06)https://www.tcu.edu.cn/info/1054/3494.htm.

案例 21

用好红色资源　共筑大中小学思政育人"同心圆"

马克思主义学院　王　霞

　　天津作为中国最早传播马克思主义、最早建立党的地方组织的地区之一,拥有大量的革命旧址、遗址和纪念设施,这些都是中国共产党早期活动的宝贵历史见证。天津城建大学贯彻落实习近平总书记"用好红色资源,传承好红色基因,把红色江山世世代代传下去"的重要指示精神,持续推进基于红色文化育人为主线的大中小学思想政治教育一体化建设。"革命丰碑——天津市红色旧址展览"自 2019 年建成以来就承担起讲述红色故事、传承红色基因的功能,已成为天津市开展大中小学思想政治教育一体化建设的重要平台。

　　2023 年 5 月 9 日,天津市民族中学党委书记刘芃、校长刘和葵带领天津市民族中学集团校干部师生 80 余人来到天津城建大学开展"共研 共享 共进"研学互访活动。其中,小学组师生先后走进"革命丰碑——天津市红色旧址展览"和"邂逅中河头,不负安幸生"主题展览,聆听和学习革命先烈事迹,汲取精神力量,传承红色基因。

一、工作目标和思路

(一)工作目标

　　1. 厚植爱国情感,增进政治认同和使命担当。通过本次参观活动,学生深入了解百年来中国共产党带领天津人民开展新民主主义革命斗争的奋斗历程,学习革命先辈的英勇事迹,增进爱国情感,增强国家意识和民族自豪感。

2.充分整合校内资源,形成文化育人多维度协同。以"革命丰碑——天津市红色旧址展览"参观学习为牵引,带动校内各个基地和场馆充分发挥育人功能,形成中华优秀传统文化、红色文化、科学文化协同育人的新模式。

3.用好实践教学"第二课堂",创新大中小学思想政治教育一体化建设的工作方式。课堂教学与实践教学是密切联系、相互促进的教学统一体,而在以往的大中小学思想政治教育一体化建设中往往更侧重课堂教学环节,多采用集体备课、专家讲授等方式,在实践教学环节进行一体化建设探索不多。

4.探索思政课程与课程思政同向同行的新模式。具体而言,在大中小学思想政治教育一体化建设中,充分利用天津城建大学场馆育人的优势资源,思政课程与课程思政共同在一体化建设中发挥作用,形成全员、全过程、全方位的育人格局。

(二)工作思路

1.发挥好"革命丰碑——天津市红色旧址展览"的枢纽作用。"革命丰碑——天津市红色旧址展览"是由建筑学院师生从天津近450处红色旧址信息数据库中精选出100处旧址资料整理形成的,是开展红色文化教育的重要平台。该展览讲述了中国共产党领导天津人民的革命斗争史,成为师生走进历史的时空地图。在本次活动中,小学组师生首先聆听了红色旧址图片背后的故事,随后参观了城市艺术学院举办的"邂逅中河头,不负安幸生"主题展览,进一步了解革命先辈的爱国故事。

2.优化文化育人研学路线,创新实践教学新模式。由校学工部、马克思主义学院牵头,积极联系校内各育人场馆和科普基地,不断优化本次研学路线,最终形成了包括古琴弦歌基地、"革命丰碑——天津市红色旧址展览"、"邂逅中河头,不负安幸生"主题展览、城市艺术科普基地、城市建设技术科普基地、物理科学与创新实践科普基地和地质与测绘科普基地在内的多种文化资源协同育人的方式方法。

3.各学院协同发力,推动大中小学思想政治教育一体化建设。2022年10月,天津城建大学马克思主义学院与天津市民族中学教育集团签署大中小学思政课一体化共建协议,为天津城建大学与天津市民族中学教育集团开展共建提供了便捷平台。在本次活动中,建筑学院和城市艺术学院深入挖掘课程思政的丰富资源。例如,建筑学院师生在展馆中详细讲述了天津红色旧址背后的爱国故事和微模型制作过程;城市艺术学院安排了参观敦煌壁画艺术展览活动。天津市民族中学集团校师生在传承红色文化的同时,也感受到了建筑艺术和敦煌艺术的魅力。

二、实践方法和过程

(一)前期准备阶段

2022年,天津城建大学"'革命丰碑——天津市红色旧址展览'—天津城建大学中华优秀传统文化体验中心暨古琴弦歌基地"研学路线获批天津市委教育工委、市教委发布天津市首批大中小学实践育人一体化精品线路。在此线路基础上,天津城建大学学工部、马克思主义学院和天津市民族中学牵头统筹联系相关实践育人基地和学校师生共同组织该项活动。校学工部负责联系建筑学院和城市艺术学院沟通研学路线和讲解服务工作,建筑学院和城市艺术学院负责参观讲解具体事宜;马克思主义学院协助天津市民族中学运用集团化办学优势,积极协调集团校师生出行车辆、人员跟队等事宜。

(二)现场参观

天津城建大学学工部老师全程陪同天津市民族中学教育集团校小学组学生的研学活动。在"革命丰碑——天津市红色旧址展览"进行参观时,建筑学院师生通过展馆图片和模型化建筑,讲解了中国共产党领导天津人民进行新民主主义革命的革命历程。小学组师生被革命先辈的爱国精神所感染,也被展馆中精致的三维建筑模型所吸引。随后,小学组师生来到旁边的城市艺术学院一楼大厅,参观"邂逅中河头,不负安幸生"主题展览。在这里,他们聆听了安幸生烈士从学生时代到英勇就义的爱国故事,心中再次涌起对革命先辈的无限崇敬和缅怀之情。之后,小学组师生继续参观了敦煌壁画展览和古琴弦歌基地,感受中华优秀传统文化的魅力,更加坚定了文化自信心和自豪感。

三、取得成效与经验

(一)在育人效果上,厚植爱国情、增强报国志

通过参观学习,学生们重温了中国共产党领导天津人民为争取民族独立、人民解放而英勇斗争的光辉历史,深刻感受到幸福生活来之不易,纷纷表示要不负韶华,争做新时代好少年。

(二)在育人工作模式上,共筑大中小学思想政治教育一体化
建设"同心圆"

本次实践活动由天津城建大学学工部、马克思主义学院、建筑学院、城市艺术学院与天津市民族中学教育集团校携手推进完成,涉及不同学段师生、不同教学机构,教学内容丰富多样,是天津城建大学又一次课程思政与思政课程协同育人的生动实践。

(三)在育人资源上,汇聚成红色文化传播的新高地

"革命丰碑——天津市红色旧址展览"通过图片、史料和微观建筑模型的方式,展示了天津人民在党的领导下开展新民主主义革命斗争的壮丽篇章,为开展高校思想政治理论课实践教学、大中小学思想政治教育一体化建设提供了重要平台,成为不同学段开展红色文化传播的新高地。

(四)在育人协同上,创新文化育人格局

本次活动以研学为线索,串联起天津城建大学丰富的文化育人资源,创新了文化育人格局。在革命丰碑展馆中,学生们不仅感悟红色文化,还在观摩微观建筑模型时感受到建筑学的魅力,形成了红色文化育人与科学育人的有机融合。此外,研学路线涉及到古琴弦歌基地以及敦煌壁画展览等多个场馆,充分挖掘学校丰富的文化育人资源,形成多方位文化育人新格局。

案例 22

以天津红色文化资源为"纽带"
构建一体化育人"共同体"

马克思主义学院　薛腾鹿

天津城建大学"革命丰碑——天津红色旧址展览"以四个历史时期为划分,为大中小学红色文化一体化育人提供平台与载体,通过多次一体化建设活动,如 2023 年在庆祝中国共产党成立 102 周年之际,天津城建大学马克思主义学院与天津西青开放大学、西青逸夫小学、南开中心小学和南开实验学校(中学部)四所学校的 70 余名师生,联合开展"赓续红色血脉不忘教育初心"活动。这次活动为以红色文化为载体开展天津市大中小学思政课一体化建设,辐射社会开展红色教育,培育了师资,储备了案例库,搭建了共建共享共赢的平台,也是天津城建大学马克思主义学院建设的特色之一。

一、工作目标和思路

随着教育改革的深化,思政教育的重要性日益凸显。如何更有效地进行思政教育,特别是在大中小学各个学段实现一体化的教学模式,是当前教育领域亟待解决的问题。而"革命丰碑——天津红色旧址展览"提供了一个极佳的实践教学平台。

(一)工作目标

1. 深化红色历史认知

通过实地参观"革命丰碑——天津红色旧址展览",使学生能够亲身感受到中国革命历史的厚重感,深化对中国革命历史和红色文化的认知。每一个红色旧址背后都隐藏着丰富的历史故事和革命情怀,这些都是难以通过书本完全传递的。

2. 构建连贯的思政教育体系

大中小学的思政教育不应该是孤立的,而应该是一个连贯、递进的体系。通过红色旧址展览,为学生构建一个从小学到大学,内容逐渐深入、广度逐渐拓展的思政教育体系。

3. 培育社会主义核心价值观

红色文化是中国革命历史的重要组成部分,也是社会主义核心价值观的根基。通过展览,能够引导学生树立正确的价值观,培养他们的爱国主义情感和社会责任感。

4. 提高实践教学能力

与传统的课堂教学相比,实践教学更能激发学生的学习兴趣和参与度。通过一体化育人"共同体"活动的开展,培养一批擅长实践教学的教师,同时提高他们的教学能力和水平。

(二)工作思路

1. 制定分学段的实践教学方案

针对不同学段的学生,制定不同的实践教学方案。对于小学生,可以通过故事、游戏等形式,让他们对红色历史有一个初步的了解;对于中学生,可以结合历史课程,进行深入的分析和讨论;对于大学生,则可以引入更多的学术研究,培养他们的批判性思维。

2. 加强师资培训

教师是实践教学的关键。对教师进行系统的培训,使他们熟悉展览内容,掌握实践教学的方法和技巧,确保实践教学的质量。

3. 建立反馈机制

实践教学结束后,建立有效的反馈机制,收集学生和教师的意见和建议,不断优化实践教学方案。同时,通过测试、问卷调查等方式,评估实践教学的效果。

4.与课堂教学相结合

实践教学并不是孤立的,需要与课堂教学相结合,形成一个完整的教学体系。在实践教学之前,教师通过课堂教学为学生打下基础;在实践教学之后,教师引导学生进行深入的反思和总结。

综上所述,依托"革命丰碑——天津红色旧址展览"进行大中小学思政课一体化实践教学,构建一体化育人"共同体",不仅可以深化学生对中国革命历史和红色文化的认知,还可以培养他们的社会主义核心价值观,提高他们的实践能力和创新思维。

二、实践方法和过程

(一)一体化育人"共同体"筹备阶段

首先,要对"革命丰碑——天津红色旧址展览"进行深入的研究,挑选出适合不同学段学生的教学重点。这些重点可以包括旧址的历史背景、革命故事、人物传记等,以确保教学内容既有趣味性又有教育性。

其次,针对不同学段的学生特点,设计符合他们认知水平和实践能力的教学方案。对于小学生,可以通过故事、游戏等形式,让他们对红色历史有一个初步的了解;对于中学生,可以结合历史课程,引导他们进行深入的分析和讨论;对于大学生,可以引入更多的学术研究,培养他们的批判性思维。

最后,对教师进行系统的培训。通过培训,使教师熟悉展览内容,掌握实践教学的方法和技巧,确保实践教学的质量。同时,教师还可以根据自身的教学经验,对教学方案进行微调,以更好地适应学生的实际需求。

(二)一体化育人"共同体"实施阶段

首先,在展览现场,由专业讲解员或教师带领学生参观,详细讲解每个旧址的历史意义和革命故事。通过身临其境的感受,使学生能够更加直观地了解红色历史的厚重感。

其次,在参观过程中,设计各种互动环节,如提问、讨论等,以激发学生的思考和参与热情。特别是对于大学生,组织小组讨论或辩论,让他们就相关历史事件和革命精神进行深入探讨,培养他们的思辨能力和创新精神。

最后,通过情感体验的方式,让学生更加深入地理解历史人物和事件。例如,通过模拟历史场景、角色扮演等活动,让学生置身于历史之中,感受那个时代的风云变幻和革命先烈的英勇事迹。

(三)一体化育人"共同体"实践教学总结与反馈阶段

首先,在课堂上对展览内容进行回顾和总结,巩固学生们在实地参观中学到的知识。同时,鼓励学生们分享自己的感受和收获,以激发他们的学习兴趣和爱国情怀。

其次,引导学生进行深入研究和学习。例如,撰写观后感或研究报告,将他们在实践教学中的感性认识上升为理性思考。这样不仅可以培养学生的学术素养和研究能力,还可以为他们未来的学术发展打下坚实的基础。

最后,组织相关的延伸活动,如演讲比赛、征文比赛等,进一步激发学生的学习兴趣和爱国热情。通过这些活动,不仅可以检验实践教学的效果,还可以为学生提供展示自我的平台,促进他们的全面发展。

综上所述,依托"革命丰碑——天津红色旧址展览"构建大中小学思政课一体化育人"共同体"是一种富有创新性和实效性的教学方式。通过充分的准备、生动的实施和及时的总结与反馈,为学生打造一个更加生动、直观的思政课堂,培养他们的爱国情怀和社会主义核心价值观。

三、取得成效与经验

(一)实践教学成就

1. 知识传承与爱国主义教育

通过展览,大中小学学生深入了解了天津红色旧址的历史背景,对党的光辉历程有了更直观的认识。展览以天津市现存红色旧址为主体,展示了新民主主义革命时期天津党史的发展脉络,为学生提供了生动的历史教材。一体化育人"共同体"的构建不仅传承了红色革命精神,还强化了爱国主义教育,使参观者深切感受到革命先烈们的英勇事迹和牺牲精神。

2.思政教育创新

"革命丰碑——天津红色旧址展览"成为天津城建大学等高校进行思政教育的创新平台。通过实地参观和讲解,使得大中小学思政课教学更加生动、具体,提高了学生的学习兴趣和参与度。

3.红色文化资源挖掘与保护

一体化育人"共同体"推动了红色文化资源的挖掘与保护。天津城建大学利用其在城市建设和城市文化方面的学科优势,对天津市的红色旧址进行了全面普查和深度挖掘,建立了红色旧址信息数据库,为后续的红色文化研究和保护奠定了基础。

(二)实践教学经验

1.结合专业特色开展实践教学

天津城建大学依托其建筑专业等专业特色,将红色旧址展览与学科教育相结合,形成了独特的实践教学模式。这种模式不仅增强了学生的专业素养,还加深了他们对红色文化的理解。

2.校地合作,资源共享

通过与中小学的合作与交流,实现了资源共享和优势互补。这种合作模式为实践教学的开展提供了丰富的素材和专业的指导,同时也为红色文化的传承和发展注入了新的活力。

3.注重实践教学与理论教学的有机结合

在实践教学中,注重与理论教学的衔接和互补。学生在参观展览前会接受相关的理论教学,而在参观过程中则通过实地观察和讲解将理论知识转化为直观感受,从而加深了对历史的理解和认识。

综上所述,依托"革命丰碑——天津红色旧址展览"搭建的大中小学思政育人一体化"共同体"在知识传承、思政教育创新以及红色文化资源挖掘与保护等方面取得了显著成就,并积累了宝贵的经验。这些经验对于今后进一步推广红色文化教育、加强实践教学具有重要的借鉴意义。

案例 23

"一核三环" 打造大中小思政课一体化建设"红色品牌"

马克思主义学院 崔梦影

党的十八大以来,习近平总书记反复强调"要把红色资源利用好、把红色传统发扬好、把红色基因传承好"。思政课作为学校教育中传承红色基因、实现立德树人的关键课程负有不可替代的责任和义务。在统筹推进大中小思政课一体化的背景下,将本土红色文化深度融入大中小学思政课教学中,对于传承好红色基因、增强大中小学生的政治认同、培养大中小学生的价值观点、夯实大中小学思政课的理论基础具有非常重要的作用。

近年来,天津城建大学为深入贯彻落实习近平总书记关于用好红色资源、传承红色基因、赓续红色血脉的相关指示精神和市委教育工委、市教委《关于深化新时代天津学校思想政治教育一体化建设的若干举措》的精神,着眼天津本土红色文化资源,打造"革命丰碑——天津市红色旧址展览",并以此为依托,多措并举与全市几十所大中小学开展合作,着力推进大中小学思政课一体化建设,取得积极成效。

一、工作目标和思路

红色文化资源是党在长期领导革命与建设的伟大实践中所创造积累的宝贵财富,也是开展革命传统教育、思想政治教育的宝贵资源,具有不可替代的资政育人作用。大中小学要发挥好红色资源的教育功能,就离不开各地的历史和文化资源禀赋。天津作为历史文化名城拥有丰富的红色历史建筑遗产,天津城建大学以此为切入点并结合建筑史、城市史、党史和近代史等多学科交叉研究,打造了"革命丰碑——天津市红色旧址展览",作为传承红色基因、培育时代新人的重要教育阵地,作为深化思政课教学改革、构建"大思政课"格局的重要平台,积极探索将红色文化融入大中小学思政课一体化建设的有效路径,为推进大中小学思政课一体化建设提供"城大模式"、贡献"城大力量"。

挖掘本土红色案例,整合教学资源实现红色文化与大中小学思政课一体化建设的有机融合,必须加强对本土红色案例的挖掘和对红色文化教学资源的整合。一方面,天津城建大学思政课教师根据场馆内容进行天津红色文化案例的针对性和深入性挖掘,整理成天津红色故事案例集;另一方面,打造专业教师队伍,提倡教师进一步挖掘天津红色文化中与教学内容相适应的内容,对红色文化教学资源进行深入研究与探讨,并将相关教育资源进行优化整合。

(二)加强各个学段沟通,强调循序渐进

由于各个教育阶段的教学内容和教学目标不同,因此一直以来各教育阶段之间因各自具有的独立性而导致纵向联系不够紧密。而思政课因为其特殊性,只有在教学中形成一体式和贯穿式的教育,才能使思政课的效果得到提升,这就要求强化不同学段思政课教师之间的交流与互动。一方面通过交流来不断提升教师对于天津红色文化资源的了解和掌握,另一方面通过加强各个学段之间的共同交流,研讨各个学段教学内容间的衔接节点,以此为基础,将有关的天津红色文化资源合理地结合起来,以保证红色文化教育教学活动的循序渐进。

(三)探索实践教学模式,推动改革创新

"革命丰碑——天津市红色旧址展览"为开展实践教学提供了现实性的场域,更有利于帮助学生形成具身体验,实现情感共鸣和价值认同,深刻体会红色文化中所蕴含的深厚的感召力、亲和力、向心力和凝聚力,提升育人实效。因此要深入探索以场馆为依托的实践教学模式,一方面通过细致化的讲解,实现史论结合,帮助学生了解天津历史,感悟天津红色精神;另一方面细化实践基地建设,加强馆校合作交流,深化服务社会的功能,构建"大思政课"格局的重要平台。

二、实践方法和过程

在推进大中小学思政课一体化建设过程中,天津城建大学以"革命丰碑——天津市红色旧址展览"为中心,成功打造了大中小学思政课一体化建设"红色品牌",形成了以传承红色基因、赓续红色血脉为核心,以集体备课、实践教学、资源共享为协同环节的大中小学思政课一体化建设模式。

(一)搭建红色资源协同教研平台

天津城建大学紧紧围绕天津红色文化资源,汇聚各学段优秀教师,以"讲好天津红色故事""学习贯彻习近平总书记在中国人民大学考察时的重要讲话精神""天津红色资源育人""学习贯彻习近平文化思想,推进大中小学思政课一体化建设"等为题开展教研活动和教学展示,丰富拓展大中小学思政课一体化集体备课形式,推动天津红色文化资源有效融入各学段教学,初步建立了比较成熟的"手拉手"备课机制,搭建起思政课教师就天津红色文化互学互鉴、互帮互助、沟通交流的专门平台。

(二)打造实践教学红色精品路线

天津城建大学依托"革命丰碑——天津市红色旧址展览"开展红色文化实践教学活动。实践教学内容以组织运作、人物轨迹、事件过程等为线索,分为"中国共产党成立前后和大革命时期""土地革命战争时期""全民族抗战时期""解放战争时期"四大板块,充分挖掘天津红色旧址背后的红色故事,将党史资料与历史建筑相融合,创新党史阐释方式,通过学生讲解和教师讲解相结合,引导学生在深入了解天津历史中感悟津沽革命精神,传承红色基因,用红色文化育心。目前,天津城建大学已组织南开区前园小学、南开区川府里小学、天津市民族中学教育集团、天津市第五十中学等几十所中小学、2000 余人次来到场馆开展实践教学活动,形成了红色文化育人的实践教学精品路线。

(三)建立红色教学资源共享平台

天津城建大学着眼天津红色文化,加强对天津红色基因的挖掘、整理,依托"革命丰碑——天津市红色旧址展览",马克思主义学院教师根据 100 处天津市红色旧址,整理编制了 100 个天津红色故事教学案例,在旧址现场和本校展厅拍摄了 100 个红色案例微视频,并分批上传至超星智慧马克思主义学院教学资源库,供大中小学师生观看使用。同时在"大思政实践行"实践教学活动、网络名师工作室抖音账号、"马老师说"系列微视频中,也形成了学生展示和教师讲解等多种形式的教学资源和案例资源,真正推动实现了优质资源有效共享,助力大中小学天津红色文化教育建设。

三、取得成效与经验

(一)凝聚教研合力,有效提升红色文化铸魂育人水平

天津红色文化作为重要的教学资源,要融入大中小学的思政课中就必须要有一个平台,打通各学段之间的隔阂,实现育人的一体化。天津城建大学通过搭建红色资源协同教研平台,为大中小不同学段的老师提供了交流和探讨的媒介,在集体备课和教学展示过程中,各学段教师始终紧紧围绕传承红色基因、赓续红色血脉这一核心目标,结合天津红色文化丰富资源,按照分层递进、各有侧重、纵向贯通的原则,厘清了大中小学融入天津红色文化的思政课课程目标,并根据课程目标进行思政课中天津红色资源的课程安排和教学设计。

搭建红色资源协同教研平台打破了各学段的隔阂,增进不同学段思政课教师对于不同学段融入天津红色文化在教学内容、教学方法、学情分析等方面的沟通交流,在实现各学段顺利衔接的基础上,进一步凝聚了教研合力,有效提升了红色文化铸魂育人水平,也增强了思政课的思想性、理论性和亲和力、针对性。

（二）丰富育人实践，探索思政课教学改革创新新模式

实践教学是思政课教学改革创新中的一项重要内容，其核心在于充分挖掘和利用好实践场地的教育资源，将理论教学延伸到实景场地之中，通过实境沉浸和具身体验，增强学生的感知和获得，提高思政课教学的精准性。天津城建大学通过打造实践教学红色精品路线，将分布在天津市内各地方的红色旧址集中展览在展馆中，研学对象通过学生讲解员和老师讲解员的介绍，在"参观—学习—感悟—反思"的现场实践教学中感受天津红色文化，感悟津沽革命精神，达到学史明理、学史增信的效果。

打造实践教学红色精品路线，为大中小学生提供了天津红色文化的体验式实践场域，让学生走出课堂、走出书本，走进实境、走进体验，这样的沉浸式体验、场域式体验更能强化学生的历史代入感，进而增强对天津红色文化的深切感知，提升学生在实践教学中的获得感，形成"红色文化—思政课实践—优质育人"之间的良性互动，切实发挥育人实效。

（三）深入挖掘案例，努力实现红色教学资源共建共享

共享教学资源是实现大中小学思政课一体化建设的关键环节，红色文化与大中小学思政课一体化建设的有机融合需要持续、全面地共享红色文化资源和思政课教学资源。天津城建大学通过建立红色教学资源共享平台，将取得的研究成果和实践经验进行转化、交流和应用，通过配备天津红色文化教育教学资源库、学习资源共享、在线课程学习等功能，打破了红色文化教育的时空限制，方便了大中小学师生对天津红色文化资源的获取和学习，确保了红色教育资源实现共建共享、优化配置。

建立红色教学资源共享平台，有效发挥了天津城建大学在天津红色文化研究方面的基础和优势，切实推动了大中小学一体传承天津红色文化血脉、弘扬天津红色文化精神，在提升天津红色文化育人成效的同时，也促进了不同区域、不同学段和不同学校思政课教学创新创造，帮助了各中小学开设和完善天津红色文化校本课程，有效提升了思政课的教学实效。

案例 24

红色文化"三重向度"助推"一站式"
学生社区建设高质量发展

党委学工部　柴庆凯

本案例紧紧围绕立德树人根本任务,以传承和践行好新时代"枫桥经验"为基本要求,立足红色热土、用好红色资源、发挥红色优势、释放红色动能,将红色文化融入"一站式"学生社区建设,助推学生社区党建发展、凝聚学生社区育人队伍、培育学生社区公共价值,深入开展社会主义核心价值观宣传教育,深化爱国主义、集体主义、社会主义教育,打造"党建引领"高地、"队伍入驻"阵地、"文化浸润"领地,推动天津城建大学"品牌强校"行动方案落实落地,着力培养担当民族复兴大任的时代新人,高质量助推天津城建大学"一站式"学生社区建设内涵式发展。

一、工作目标与思路

(一)以红色文化助推学生社区党建发展,筑牢育人保障基础

学生社区建设离不开党组织所发挥的文化服务和文化引领功能,学生社区将党建工作与红色文化相融合,为将党的路线方针政策有机融入学生社区文化建设中提供了新的契机。一是学生社区为学校党建工作路径提供了新的思路,成为传播红色文化、开展理想信念和爱国主义教育的新阵地。二是制定党建工作目标和任务中引入红色文化,更好地激发学生社区教育者和被教育者的情感共鸣,推进落实服务育人体系深度构建工作。三是将红色文化中蕴含的作风建设资源等融入日常工作,自觉用好新时代"枫桥

经验"，建立健全接诉即办工作机制，将党的政治优势、组织优势转化为治理优势，充分激发高校基层治理活力。将党建工作和红色文化的有机融合落实到学生社区建设的方方面面，通过开创"党建工作+红色文化"的新形态，推动"一站式"学生社区高质量发展。

（二）以红色文化凝聚学生社区育人队伍，完善协同育人机制

凝聚学生社区育人队伍，传播红色文化需要大量的师资力量。一是红色文化通过社区管理队伍融入学生社区管理过程，不仅能够积极宣传并践行以红色文化为纽带的价值理念，而且学生在参与过程中也深化了对这些价值观、治理观的认同感。二是红色文化以其自身的影响力和感染力，能够有效动员全体教师及更多社会力量，参与社区建设、服务与教育活动。三是红色文化通过对学生主体的内在赋能，能够培育更多社区"自我教育力量"，增强各类事务的教育管理效率，是对原有学生社区管理结构和管理模式的重要补充。通过红色文化创造学生社区育人队伍的文化纽带，基于对红色文化的价值认同更好地落实立德树人根本任务，从而搭建师生互动桥梁，助推育人队伍"沉下去"、学生骨干"浮上来"。

（三）以红色文化培育学生社区公共价值，推动服务提档升级

公共价值是回应和满足学生的需求和期望形成共有的价值导向，学生社区作为学生产生公共价值的重要场所，融入红色文化可以激发学生的爱国主义情感和集体荣誉感，为学生培养提供强有力的文化支撑。一是大力弘扬中华优秀传统文化、革命文化、社会主义先进文化，丰富空间文化内涵，推动主流文化、中华优秀传统文化、学科特色文化、创新创业文化、校园安全文化等有机融入社区文化空间。因地制宜、科学规划社区公共空间，打造师生喜爱的"第三空间"，营造"浸润式"社区环境。二是依托红色文化，建立健全特色鲜明的社区"德智体美劳"教育体系，统筹开展特色鲜明的社区主题文化活动，着力培养学生的社会责任感、创新精神和实践能力。三是依托信息技术共享红色文化资源，让学生可以通过互联网了解和学习红色文化，进一步推动红色文化的传承和弘扬。良好的学生社区教育环境具备有效的

育人功能,可以让学生接受熏陶,受到潜移默化的影响,使红色文化达到润物细无声的效果。

二、实践方法和过程

(一)红色文化融入"党建引领"高地,让思想绽放在学生社区

学生社区通过探索"党建+"的社区运行制度体系,建立以党建整合为引领贯穿管理服务全过程的运行机制。一是党委牵头成立"一站式"学生社区专项工作领导小组,定期听取工作汇报、研究重点工作,编制建设规划,形成了党委统一领导、有关单位各负其责、全员协同配合的工作格局;二是构建"学院—片区"管理服务体系和"一站式"学生社区"五级网格治理体系",打造党建引领"工作组"、思想领航"先锋班"、安全稳定"小分队",常态化开展无缝隙、精细化、全面性的宣传、教育、风控工作,发挥社区育人功能,维护社区安全稳定。三是坚持首问负责制,接诉即办,限时办理。充分利用"事事通""24 小时学生服务热线"等线上平台形成"学生反映—集中转办—限期反馈—跟踪问效"的工作闭环。

(二)红色文化融入"队伍进驻"阵地,让育人围绕在学生社区

将红色文化所蕴含的理念价值真正落实到社区实际教育工作中,进一步增强学生对文化的归属感和认同感,建设真正为学生服务的红色文化阵地。一是校领导常态化联系学生,"四不两直"走访学生宿舍,开展"书记有约""校长座谈"等活动,与学生"面对面"接触,"零距离"摸清学生所思所忧所盼。行政干部、心理服务、学业支持、学涯生涯规划、就业创业指导、后勤保障等管理服务力量汇聚一线,辅导员每周全覆盖深入所负责的学生宿舍至少一遍,引导学生听党话、跟党走,坚定理想信念,大力传播正能量,解决思想迷茫、心理困惑、学生生活困难等问题。二是全体专业教师以担任学生导师、班主任等多种形式实现覆盖全体学生的包联,开展谈心谈话、学业指导、就业帮扶等工作,协助做好学生思想引导和日常教育管理服务。三是

成立"一站式"学生社区红色精神宣讲团,将具有城建特色的"党员红旗班"作为排头兵、宣传员,嵌入学生社区开展红色宣讲、劳动实践、志愿服务等工作,开展"一名党员就是一面旗帜"党员社区责任教育,推进"我为师生办实事"实践活动走深走实、见行见效。设立党员先锋岗、"学雷锋"志愿服务岗,依托学生社区自管会,推动学生参与社区日常运行管理、文化氛围营造、教育活动开展、服务督导反馈等工作。

(三)红色文化融入"文化浸润"领地,让文明汇聚在学生社区

以红色文化中蕴含的"视""听"符号为元素,打造学生社区红色文化空间阵地、主题活动、宣传载体,让学生在潜移默化中接受历史文化、党建等符号所承载的价值观念和集体规范。一是打造门厅"一站式"社区文化主题墙,将社会主义核心价值观及校训、校情作为创作元素,以"一栋楼、一种内涵、一个传承"为脉络,真正做到让"墙壁会说话,角落能育人"。充分利用社区公共空间,有机深入融入党的创新理论、新时代伟大成就和中华优秀传统文化,形成特色鲜明的楼宇文化,实现理想信念、专业发展"浸入式"宣传教育。整合资源,设立党群服务中心、众创空间、导师工作站等活动空间,建立"善建"劳动教育工坊、党员骨干"红旗班"活动室等育人空间。二是以中国共产党人精神谱系为主线开展"建园书院"学术沙龙、"你好·书院"五育活动、红色观影、红色演讲、红色志愿服务等爱国主义教育活动、校园文化活动、实践教育活动等。三是积极构建"一站式"智慧服务平台,为学生提供"一站式"生活管理线上服务资源,提升学生幸福感和归属感。同时,通过官方公众号对红色文化、先进人物、典型事迹、红色故事进行线上宣传。

三、取得成效与经验

(一)取得效果

1.校内外典型宣传

(1)2022年4月,在"一站式"学生社区疫情防控工作中的突出事例、

典型经验被高校思政网《疫情防控丨高校"一站式"学生社区在行动》的新闻综述中报道。

(2)"一站式"学生社区相关事例活动被全国高校思想政治工作网、《天津日报》、北方网、《天津教育报》、津云等近百家媒体报道。

2. 特色成果

(1)在天津市高校"一站式"学生社区综合管理模式建设工作评审中获评 A 级。

(2)一项服务育人课题获批 2023 年度天津市高校思想政治工作服务精品项目立项。

(二)经验总结

1. 健全传承红色文化的学生社区教育制度体系

在"一站式"学生社区中传承红色文化是一项艰巨且重要的任务,这就要求我们必须加强学生社区建设的顶层设计,健全制度体系,确保学生社区教育活动中红色文化传承不变色、不走样、不滞后,并让红色文化代代相传、与时俱进传承下去。既要建立学生社区建设的相关制度文件,让红色文化的传承有章可循,也要健全机制化、常态化和规范化的社区教育活动制度规范和实施细则,为推动社区建设提供有力保证和支持。

2. 凝聚传承红色文化的学生社区教育教学队伍

学生社区教育覆盖面广,传播红色文化需要大量的师资力量。要有效地在学生社区中传播红色文化、开展教育工作,就需将师资库与学生社区充分合理对接,充分发挥各职能部门和一线单位的统筹协调能力。既要整合行政干部、心理服务、学业支持、学涯生涯规划、就业创业指导、后勤保障等管理服务力量汇聚一线,也要选拔优质师资组建一支老少兼有、理论指导和实践训练皆能胜任的讲师团,送"教"上门。

3. 丰富传承红色文化的学生社区教育实践内容

构建好传承红色文化的学生社区教育实践体系,才能使红色文化内化为学生的精神追求,外化为学生的自觉行动,传承红色精神,坚定理想信念,增强爱国主义精神,让红色文化深深融入到学生社区育人体系中。既要细化学生社区教育活动与类型,针对不同学生开展不同广度、深度的教育活动,也要优化学生社区教育红色文化传播环境,让学生接受熏陶,受到潜移默化的影响,使红色文化达到润物细无声的效果。

案例 25

众心成"城" "建"证信仰

——跨越百年的时空对话

马克思主义学院　魏欣羽

　　"革命丰碑——天津红色旧址展览"以天津市现存红色旧址为主体,以新民主主义时期天津党史发展脉络为主线,按照中国共产党成立前后和大革命时期、土地革命战争时期、全民族抗战时期、解放战争时期四个历史时期的时间线索,通过旧址测绘展示、多媒体、三维模型立体展示等方式,用建筑遗址讲述红色革命故事,是思政课实践教学的重要场所。

一、工作目标和思路

　　本专题授课借助革命丰碑的实践育人场地进行互动嵌入的沉浸式感受,在专业与思政(思想道德与法治课程)融合的过程中带领学生开启一段跨越百年的时空对话,追溯众心成"城"的红色记忆,感受"建"证信仰力量。以"众心成'城'—'建'证信仰—砥砺前行"为逻辑主线徐徐展开,课程主体部分采用问题链教学方式,让同学们在合作探究中深刻领悟信仰的力量。同时,借助"青年谈信仰"环节调动起同学们自觉传承众心成"城"的红色信仰的积极性、主动性,为现代化天津的建设、为早日实现强国梦想贡献青春力量。

二、实施方法和过程

　　带领学生进行沉浸式的互动嵌入体验,感受跨越百年的信仰力量。以下是具体的教学过程：

在漫长的历史长河中，有无数瞬间闪耀着信仰的光芒。今天，请跟随我们一起走近"信仰"，感受穿越百年的信仰力量。

（一）众心成"城"

人们常说：近代中国看天津。天津，是一座名字饱含水色的城市，近代中国的屈辱史几乎一字不落地镌刻在天津的每一个角落。我们熟知的"五大道""意式风情区"以及许多名人故居都镌刻着时代的烙印。

问题链-1：为什么这些建筑能保存得这么完好？

（走到革命丰碑展馆的城防图前）故事要从这样一张城防图说起。1947—1948 年间，天津的国民党守军曾两度构筑城防工事，明暗碉堡林立，形成了"固若金汤"的城防体系。而要想将伤害降到最低，获取《天津城防图》便成为关键。

问题链-2：如何获得《天津城防图》？

1948 年 7 月，王文源接到上级指示，做好解放天津的准备。其中最重要的一项就是搜集天津城防资料。接到任务后，他马上想到了工务局绘图员——麦璇琨。麦璇琨利用工作优势，想方设法的拿到了天津城防工事的部分图纸资料和施工情况，凭着扎实、高超的功底和绘画技能，在硫酸纸上绘制了一张价值极高的——《天津城防图》总图。

问题链-3：如何送出《天津城防图》？

但要想把它交给上级谈何容易？王文源又找到伪装成照相馆老板的康俊山，让他想办法让这张图"消失"。机智的康俊山将城防图分成四块拍摄，并做成 8 寸照片。通过化学处理消去表面图像，裱糊在两张老人遗像后面，便委托年轻党员赵岩送出。虽然路上遇见国民党军盘查，但没有人对照片产生怀疑。赵岩一路穿过封锁线，将这两张照片交给上级。此外，另一位事先未得到任务的地下党员张克诚，也利用职务之便，为我军提供了另一份完整的城防工事图。终于，在解放天津前夜，收集到了完整的天津城防布局。

1949 年 1 月 14 日 10 时，人民解放军对天津守敌发起攻击。1949 年 1

月 15 日 15 时,人民解放军经过 29 个小时的战斗,全歼守敌 13 万人、活捉最高将领陈长捷,解放天津。至此,天津这座工商业大城市完整地回到人民手中。

问题链-4:共产党的炮弹长眼睛?

当时在老百姓中流传着"共产党的炮弹长眼睛,不打老百姓,专打国民党"的说法。这个"眼睛"指的是什么?

答案不言而喻。这个"眼睛"就是地下党员历经艰辛拼凑起来的城防工事图。就是这张城防图,为解放军的大炮装上了"眼睛",最大限度降低对城市的破坏。

天津前线指挥部司令刘亚楼在战役结束后说道:"由于情报工作提供了详细、准确的城防工事图,使我军迅速掌握了敌情,因而下决心、订计划、部署兵力都有了确实可靠的依据。"

这双"眼睛"诠释出革命先烈们舍生忘死、为国而战、为人民而战的赤诚信仰。在"信仰"接力下,我们才有机会站在历史的原点去感受历史的纵深,真切地感受他们用生命坚守的信仰力量,可谓众心成"城"。

2024 年年初,习近平总书记视察天津时,专门来到平津战役纪念馆。这不仅是对历史的缅怀,更是对信仰的深刻致敬。

(二)"建"证信仰

"心中有信仰,脚下有力量。"坚定的信仰,正是激励我们迎接挑战、克服困难的精神支柱和强大力量,是我们乘风破浪、搏击沧海的灯塔和动力之源。同时,信仰赋予我们的生活以深刻的意义和目的。它让我们意识到生命的意义不仅仅是为了生存和享乐,而是要追求更高尚的目标,实现人生价值。

这些为城防图进行生死接力的地下党员用自己的行动诠释了什么是真正的信仰,如何去坚守信仰。他们为信仰做了生动的注脚。

从古至今,信仰一直是推动社会进步的深层精神动力。无论是为了实现国家的独立、民族的解放,还是新时代取得的一系列光辉成就,都离不开信仰的支撑。

（三）砥砺前行

时代在变迁，但年轻一代身上的信仰从未消逝。或许他们曾有过彷徨，也曾追问自己"信仰有何用？""信仰是否过时？"但当在国家和人民需要的时候，他们未曾迟疑，他们用实际行动作出了回答。

2023年8月，海河流域发生流域性特大洪水，险情蔓延多地。其中，三河交汇的第六埠村成为天津防洪的要害之处。村党委班子、党员、群众、志愿者第一时间响应号召，迅速集结，在短时间内完成了蔬菜大棚种植户的转移安置、巡查河堤、加固堤坝、抢运农用物资等一系列工作，用坚守与担当为泄洪争取了宝贵时间。再一次让我们感受到信仰的力量。

2024年2月，习近平总书记来到第六埠村考察，实地了解去年洪涝灾害后农业生产恢复情况。看到温室里的大棚确是绿意盎然，蔬菜长势喜人。他说道：国泰民安，民安才能国泰。

过去：他们以身冒险，智取城防图，守护千年古城；

现在：他们前赴后继，保卫大家园，捍卫人民安全。

"青年谈信仰"——2023年天津城建大学新疆支教团成员种潇阳：

去年九月，迎着朝阳，我作为天津市第十一批援疆支教团的一员踏上了去往和田的征程。三个月支教的经历让我对"信仰"有了更深刻的理解。

于田县是位于我国边境上的一座小城，常住人口不超过20万，近半数都是少数民族。去之前也曾有过一些疑虑。但当我走上支教岗位，看到孩子们青涩又充满渴望的目光；看到备课直至到深夜的少数民族老师；看到24小时执勤守护万家灯火的"和田铁骑"；看到离家万里甘愿支边的党员干部和众多志愿者时，在那一刻，信仰有了具象化的体现。

教师总结：

他们用朴实而又坚毅的行动书写着"信仰"，传承着"信仰"，发展着"信仰"。我深刻地感受到：时代在变，但中国青年的情怀不变、信仰不变，生动地诠释了"如果信仰有颜色，那一定是中国红"。如果用一句话阐明信仰，我认为：信仰是旗，任浪涛风簸仍屹立不倒。信仰是力，促万众齐心而其利断金。

心有所信,方能远行。而有坚定的信仰,必能行远。新时代的青年们,让我们的信仰与奋斗的青春肆意碰撞,让坚定的信仰使我们伟大的祖国日益繁荣富强!

三、主要成效和经验

在此次沉浸式情景教学中,通过问题链环环相扣、层层深入,廓清"信仰过时""信仰无用"的思想迷雾,带领同学们深刻领会到"信仰是什么?""信仰有何用?"的关键问题,引导同学们传承众心成"城"红色信仰,"建"证信仰力量。同时,也收集到同学们对此次专题教学的实际反馈,在后续的授课中持续在提升情景感染力、互动带入性,以及启发引导性上下功夫,真正把思政课讲到学生心坎里,让同学们更加真切地感受到信仰的力量。

今后将根据学生的性格特点和专业背景,继续优化教学内容,增加教学过程中的互动环节,改变"满堂灌"的传统授课形式,将话筒交给学生,更多地倾听学生的见解。同时,更有针对性地进行专题备课,在课程中更多融入专业元素,提升学生的实际获得感,感召更多同学投身到建设天津、建设祖国的宏伟征程中,敢想敢为又善作善成。

案例 26

"专创融合"以红色文化推进学生创新创业教育

建筑学院 朴锦兰

红色文化推进大学生创新创业教育工作,在创新创业教育的过程中充分挖掘红色文化中蕴含的革命精神和历史文化内涵,通过对红色文化的认识和全方位了解,培养大学生的创新精神和创新意识,帮助大学生掌握正确的创新创业方向。案例以培养学生的爱国情怀、社会责任感和创新精神为主旨,将专业教育与创新创业教育相结合,依托红色文化这一中华民族宝贵的精神财富,培养学生的创新精神和实践能力。将创新创业思维融入到专业学习中,以"专创融合"为核心理念,以人才培养为中心要求,充分发挥红色文化的教育引导价值,提升和优化大学生思想价值观的培养,促进创新创业教育取得实效。

一、工作目标与思路

结合不同专业的特点,将创新创业思维和专业教育充分融合。充分地发挥红色文化的机制内涵和精神引导作用,重视在专业学习领域创新教育相关理论与实践,同时将创新思维的培养和探究性思维的训练融入到专业学习中。分专业、分年级、递进式开展创新创业教育,营造浓厚的创新创业校园文化氛围。

（一）工作目标

增强学生的爱国情怀和社会责任感,提升学生的专业素养和创新能力,培养具备创新精神和实践能力的复合型人才。打造"专创融合""点—线—面"共同推进的红色文化推进创新创业教育新工作模式,制作可操作性强、可复制推广的教育培养新模式,实现厚植爱国主义情怀的育人目标。

让大学生们大学生在日常学习创新创业教育内容的过程中,将这些红色的文化内涵转变为自身的行为实践,既有利于对大学生责任意识的有效培养,让大学生全方位地接受红色文化的熏陶,同时还可以实现红色文化和创新创业教育整合,从而充分发挥红色文化对大学生创新创业思想的引导教育价值,实现红色文化传播对大学生思想价值观的有效引导。

(二)工作思路

分年级、分专业、分层次探究"专创"融合的有效路径,结合不同专业的学习任务、学生特点,组织参观爱国主义基地,寻访觉悟社、张园等红色建筑,将红色文化的价值内涵与精神引导充分地发挥出来,通过对红色文化的有效认识和理解积极地践行红色文化蕴含的精神,多维度展现红色文化资源的精神内核。通过双创校园氛围打造、学生专业社团建设、参加科技竞赛等,鼓励大学生积极地参与创新创业教育实践。同时将专业教育和创新创业教育有机融合,为学生们搭建创新创业的实践平台,使学生们全面地认识和掌握创新创业的教育内涵让学生们从兴趣点出发,充分发挥自身的专业优势和特长,主动参与到学校的创新创业活动中,进一步培养自身的创新创业意识。这样不仅有利于创新创业教育实践工作的高效开展,也使得学生们通过对红色文化的理解和传承,从思想层面上提高大学生的创新创业意识,以红色文化中的艰苦奋斗精神作为价值引领,不断地增强创新创业的积极性和主动性意识。

二、实践方法和过程

(一)开拓红色文化维度,打造双创新模式

在红色文化的浸润下,形成"点—线—面"分年级、分层次、递进式创新创业教育培养模式,引导更多的学生参与到创新创业实践中来,推进创新创业教育取得实效。

1.在"点"的层次,依托院级众创空间,组建由"专业导师+辅导员"组成的"双导师"竞赛培养团队,主要选拔大二、大三具有一定潜质的学生进行针对性培养和项目打磨,为学生们提供创新创业的场地、设备等资源支持。通过学生作业、建筑调研等,找到契合参加竞赛的切入点进行有针对性的培育,指导学生参加学科和科技竞赛,发挥专业与创新创业教育双促双融的作用,提高学生创新创业教育与专业指导的灵活性和针对性,同时在指导学生参加竞赛的过程,辅导员负责学生的思想政治教育,引导学生们继承和发扬红色文化中富含的革命和艰苦奋斗的精神,为学生们在参加竞赛过程中培养攻坚克难的精神打一剂强心剂。

2.在"线"的层次,主要依托专业社团面向低年级学生,创建以红色文化教育为理念的学生社团、功能型团支部,举办创新创业兴趣为目标的科技沙龙和社团活动;结合不同专业、年级学生的特点,提高学生的创新创业能力水平;例如我们创建的建筑学院红色文化遗产保护中心、天津城建大学红色劳动工坊、丰碑展学生志愿讲解团,引导学生们从兴趣点出发,将革命遗址旧址转化为思想教育资源,同学们通过一段段革命前辈的故事、一张张照片及图纸、一栋栋复原模型,激发同学们的爱国热情,帮助学生们更好地理解历史和文化,夯实学科基础,并指导学生们利用激光切割机制作建筑模型,制作红色建筑的文创作品,将专业教育和创新创业实践进行充分地融合,激发学生们的学习兴趣和创新能力。

3.在"面"的层次,充分发挥校园文化的隐性教育作用,积极探索实施"显性教育+隐性教育"的双重教育模式,实现红色文化推进创新创业教育目的。面向学院开展常态化学术讲座和红色文化活动,结合新生入学教育,利用平津战役纪念馆、学校革命丰碑展馆等红色教育资源开展主题活动,通过参观学习、实地走访、研讨交流等形式,将红色文化转化为学生易于理解的价值观念和道德规范,培养学生们的爱国情怀,让学生们认识红色建筑为我们留下的宝贵的精神财富,结合建筑专业特点,主要面向全体学生做好创新创业的"启蒙教育"和红色教育。

(二)打造"真实学习"场景,激发双创活力

利用革命丰碑展馆、红色建筑寻访、文物普查保护等红色文化浸润的方式,带领学生充分发挥专业优势,挖掘红色建筑背后的故事,打造"真实学习"场景,营造激发双创活力的环境氛围,提高"专创融合"的效果,从打造红色校风、班风和学风,激发学生创新思维为切入点,通过设计红色文化角、红色建筑我来讲、设计红色景观小品、录制微党团课,将红色文化资源形象化、艺术化,丰富学生知识储备、加强学生文化素养、发挥学生专业所学、激发学生的创新精神和创业热情。

三、取得成效与经验

(一)红色文化强化青年理想信念,推动专业学习与创新
  创业教育相融合

学院依托"点—线—面"的教育培养模式,通过红色文化对学生形成强大的价值观引领力,帮助学生在创新创业中找准自己定位,帮助学生确定合理的价值。例如在红色文化遗产研究院老师的具体指导下,2 名学生成功注册玉棋(天津)文化传播有限公司,以红色旧址建筑为抓手,从建筑的视角对红色文化信息、图案和其他数据资料进行提取研究与创新设计,围绕红色文化遗产保护、红色文化传承,开展"焕新潮"红色文创产品创新研发与实践,实现了专业与创业的有机融合,目前运营效果良好。也为学院后期提供了创新创业的落地与成果转化的孵化平台。

(二)挖掘红色文化育人元素,提高创新创业教育实效

学院坚持以赛促研、以赛代训,以"互联网+"大学生创新创业中国国际大学生创新能力大赛、"挑战杯"全国大学生课外学术科技作品竞赛为高地,以 WUPENCITY、未来设计师等学科竞赛为阶梯,充分发挥学校革命丰碑展馆、红色旧址数据资源,鼓励学生们将专业所学与创新创业相融合,积

极申请大学生创新创业项目、中国国际大学生创新能力大赛红色筑梦之旅等,挖掘具有创新性、创造力的创新创业项目,对接校级众创空间进行项目培养及孵化,完成市场对接、投资对接。竞赛参与学生人数和获奖数量逐年提升,指导教师的主动性和积极性得到极大的提升

(三)充分发挥红色文化育人资源,营造良好的校园双创氛围

学院通过科技竞赛创新中心、红色文化遗产保护师生党支部、建筑学院红色文化遗产保护中心、天津城建大学红色劳动工坊,建立了"专创融合"的师生团队,加大双创教师团队和学生的培养力度,健全团队管理机制。邀请学术大咖、中国国际大学生创新大赛金牌获奖指导教师分享学术发展前沿,分专业邀请本学科知名的创业校友交流经验,发扬"传帮带"精神,通过传授创新知识、培养创业意识、传递创业经验,开阔学生视野,营造良好的创新创业校园文化。

(四)"线上+线下"齐发力,助力红色文化与创新创业相促相融

建设红色文化教育基地,开展系列红色主题教育活动。同时,利用新媒体技术将红色文化资源和创新创业教育内容进行有效整合,通过使用微信、网站等实现对创新创业教育内容的有效推送,利用好革命丰碑实体和 VR 等线上线下教育平台,加深学生们对红色文化的理解和认同,实现红色文化传播对大学生思想价值观的有效引导,吸引更多的学生发挥专业特长,参与到创新创业实践中来。

第二板块　实践活动创新

案例 27

党建业务强深度融合　"735"体系创育人新篇
——全国党建样板支部建设纪实以融出"新"，提升红色文化传播力

建筑学院　李小娟　朱晓琳

　　新时代对高校基层党建工作提出了新要求，如何充分发挥基层党组织的作用树立党建"双创"工作标杆，是基层党组织共同面临的新课题、新任务、新目标。天津城建大学建筑学院建筑系教工党支部精心谋划、潜心研究"双创"工作内涵，通过扎实的工作实践坚定不移推进全面从严治党，落实立德树人根本任务，以"735 工作体系"推动党建业务深度融合，深化教育改革，提升教育教学质量，加强国家级一流本科专业建设，增强科技创新和社会服务能力，激发师生员工创新创造活力，促进建筑学院教育事业持续健康高质量发展。

一、工作目标与思路

(一)工作目标

　　天津城建大学建筑学院建筑系教工党支部以党支部标准化规范化建设

为基准,以党建促中心工作发展为目标,将支部建设成为教育党员有力、管理党员有力、监督党员有力、组织师生有力、宣传师生有力、凝聚师生有力、服务师生有力的坚强堡垒和先锋阵地,将支部建设成为促进国家级一流本科专业建设、推动教育事业发展的全国党建工作样板支部。

(二)工作思路

高举中国特色社会主义伟大旗帜,坚持以习近平新时代中国特色社会主义思想为指导,全面贯彻落实党的二十大精神和全国教育大会精神,以党的政治建设为统领,以立德树人为根本任务,以党建引领中心工作,着力"7个融合7个有力、3项任务3个品牌、5大工程5强人才"的735工作体系,把党支部建设成为教育党员有力、管理党员有力、监督党员有力、组织师生有力、宣传师生有力、凝聚师生有力、服务师生有力的坚强堡垒,为建设建筑学国家级一流本科专业提供坚强保证,为天津市乃至全国的教育事业发挥强基固本作用。

二、实践方法和过程

(一)紧扣7个融合,铸强7个有力(基础构架)

1. 思政教育与教研科研相融合,党员教育重实效

建立"思政教育+教研"的常态化研习、"思政教育+科研"的项目式研习的学习机制,通过将思想政治教育贯穿于教研科研之中,提升党员党性修养,使党员增强"四个意识",坚定"四个自信",做到"两个维护",在提升党员政治理论素养的同时提升工作本领,促进党员全面成长。

2. 支部凝聚力与梯队建设相融合,党员管理有温度

采用"带先进+扶后进"的扁担型管理、"引进来+走出去"的自驱型管理两种管理模式,通过将支部凝聚力建设与多维度梯队建设相融合,使支部形成学先进、互帮扶、共成长、有温度的支部文化氛围。

3. 规范纪律与考核评价相融合,监督党员有力度

通过坚持党纪教育、强化警示教育、直面批评与自我批评、用好民主评议和年度考核、接受群众监督、严格学时要求 6 种方式监督党员,教育党员把纪律和规矩挺在前面,履行党员义务,遵守党规党纪。

4. 支部引领与专业建设相融合,组织师生有抓手

采用支部引领、党员带领、岗位保障、重点培养的举措,在国家级一流专业建设等重大工作的推动中,保持党支部的先进性以及在院系工作中的引领作用。推行双带头人岗位聘任制度,注意把有条件的党务工作者培养成教学科研骨干,把专业负责人、教学科研骨干培养成党支部负责人,逐步实现双带头人梯队建设。

5. 作用发挥与师德师风相融合,宣传师生树标杆

通过强化工作作风、发挥党员冲锋作用、宣传优秀典型等举措发挥党员先锋模范作用,宣传支部优秀党员、优秀事迹,在教职工中形成学做先进、争当先进的深厚氛围。

6. 课程思政与专业素养相融合,凝聚师生有目标

通过深化课程思政融入专业教育全过程的教学实践,以专业人才培养方案为抓手,构建以工程实践创新培养为主线、以"五育并举"为目标的建筑类专业课程育人体系;建设建筑类专业课程思政优秀教学案例库,为相关专业课程思政建设提供参考和支持。

7. 宗旨意识与社会实践相融合,困难帮扶有平台

依托社会实践,以双师型党员教师为主,开展乡村振兴、城市更新等社会实践,服务天津城市十项行动;开展新老党员结对帮扶、师生党员联系制度、支部与企业结对共建等基层党建创建模式。不断拓展党支部服务企业、服务群众、服务师生的功能。

（二）聚焦 3 项任务，创新 3 个品牌（主要抓手）

1. 聚焦天津市新型工业化装配式建筑技术创新中心实训平台，创新实践育人品牌

围绕技术创新中心建设，着力打造融教育教学、人才培养、科学研究、技术创新、企业服务、学生创业等功能于一体的示范性人才培养平台。以实训平台为链接和支撑，申报产教融合教改项目，打造市级示范课程，形成以科技创新为支点的实践育人品牌。

2. 聚焦课程思政质量提升，创新建筑学特色思政育人品牌

依托学院课程思政教研示范分中心，在天津红色资源融入建筑学专业教育的课程育人模式及其实践的基础上，以爱国情怀、创新精神、大国工匠为思政育人目标，针对理论、设计、实践 3 类课程，细化思政元素，持续推动中国建筑史等天津市课程思政精品课的建设，建设国家级、省部级课程思政精品课，培养课程思政教学名师，获批天津市课程思政教学改革项目，建立课程思政教学案例数据库，课程思政教学在建筑学专业课程中高质量开展，课程思政建设经验得到示范推广，形成建筑学特色思政育人品牌。

3. 聚焦科研团队服务社会，创新科研育人品牌

围绕建筑系 3 个学科方向 8 个科研团队以及 1 个跨学科研究院的建设，强化习近平新时代中国特色社会主义思想对本学科科研的指导，加强科研团队建设过程指导和成果质量建设，加强校企科研合作和联合服务社会能力，重点围绕京津冀协同发展、"一带一路"建设、天津十项行动，发挥人才、科技、创新的集聚优势，服务地方城市发展，把科研论文写在中国大地上。培养学科带头人 3—4 人，获批纵横向科研 30 余项，科研经费达 2000 余万元。

（三）实施 5 大工程，培育 5 强人才（实施路径）

1. 支部建设质量提升工程

对照《新时代高校党建"双创"工作重点任务指南》，以"全国党建工作

样板支部"创建为导向,加强党支部书记"双带头人"培育,以党建促业绩,以中心工作促支部"七个有力"建设。

2. 思政育人成效提升工程

加强课程思政师资队伍建设,设置课程思政教研团队,成立红色文化遗产保护师生党支部,探索"教研一体、学研相融"人才培养模式,建设建筑类专业课程思政数据库,加强课程思政示范课的建设质量和成效,提升思政育人成效。

3. 产教研赋能提升工程

建设红色文化遗产保护科普教育基地,助力学校红色文化遗产研究院建设,开展科教协同攻关,促进人才链、创新链、产业链协同互动;推进天津市新型工业化装配式建筑技术创新中心建设,探索创新技术体系、组织方式和管理模式;深化与企业共建单位的产教研合作,拓展产学研基地,进一步推进产教融合、科教融汇。

4. 科教融汇能力提升工程

以科研强化教学创新,创新探索科研团队指导纵向班的教学模式;依托技术创新中心,强化研究生实践项目研究能力;围绕中国国际大学生创新大赛、大学生创新创业、学科竞赛等,开展校企联合指导,加强高水平竞赛成果的产出。

5. 科技服务能力提升工程

开展服务京津冀一体化、天津十项行动的科技服务,推动在城市更新、乡村振兴、绿色技术等领域的实践项目;加强科普基地社会服务功能,持续做好红色文化遗产保护利用、城市更新、社区治理、历史遗产保护再利用等相关咨政建言献策工作,为我国红色文化遗产保护利用和红色文化传承、城市可持续发展贡献力量。

通过以上5项举措,落实立德树人根本任务,培养"理想信念强、专业能力强、身心素质强、社会责任强、开拓创新强"的5强建筑学专业人才。

三、取得成效与经验

通过党建业务深度融合的开展，党建引领中心工作的作用和成效突出，党支部于2021年获评天津市教育系统先进基层党组织，2022年获批天津市党建工作样板支部建设项目，2019—2022年连续四年获评校先进基层党组织称号。2021年，建筑学专业获批国家级一流本科专业建设点建设项目，2023年建筑学专业顺利通过全国高等学校建筑学专业本科教育评估。

（一）班子引领作用强

党支部书记与业务负责人相统一，推动党建工作与业务工作相融合。党支部书记自2018年以来连续获评校优秀党务工作者、校优秀共产党员、校优秀教师、校五比双创示范岗先进个人。2020年获批校"双带头人"教师党支部书记工作室建设项目，2023年通过验收。2022年获天津市教学成果二等奖，2022年以来先后聘任建筑系副主任、系主任、建筑学院副院长。在抗击疫情、专业评估等中心工作、重大任务中锻炼班子成员。自样板支部创建以来，支部副书记获评校级优秀美育教师，主讲课程先后获校级课程思政示范课，被学校推荐参加天津市一流课程评选并获批，2023年晋升副教授职称。统战委员获批省部级课题1项，主讲课程获校级课程思政示范课聘任建筑系副主任岗位。组织委员获批横向课题1项，主讲课程获校级课程思政示范课建设项目。

（二）党员队伍表率强

支部成员包括29名建筑学专业专职教师和1名实验管理岗位教师，其中高级职称教师占52%；博士学位教师占72%；研究生导师占45%。在红色资源保护利用、课程思政教学改革、跨学院多专业联合毕业设计、天津市技术创新中心建设、校工业化装配式绿建平台等天津市及校级重大特色工作任务中，支部14名教师冲锋在前，不仅锻炼了党员队伍，也促进了支部党员的业务成长，推动了学校教育事业发展。自2019年以来，1名党员获天津市钢结构学会科学技术奖特等奖,1名党员获天津市优秀共产党员,12名党员共计20次获评校级优秀个人荣誉,7名党员教师先后聘任系主任、学院实验中心主任。在历次选优推优中党员的先锋模范作用受到系全体教师的认可,起到了表率作用。

(三) 服务发展成效优

1. 推动专业教育评估及国家级一流本科专业建设

围绕全国建筑学专业本科和硕士教育评估工作,支部党员在课程建设、教学改革、专业竞赛以及评估准备、专家入校等各项工作发挥先锋模范作用,评估专家对教师们的专业素质、敬业精神给了充分肯定。建筑学专业顺利通过全国建筑学专业本科和研究生教育评估复评。2020年获批国家级一流专业建设点。

2. 建设爱国主义教育基地和技术创新实训平台

以支部党员为主力,发挥专业特色和优势,牵头建设校革命丰碑展馆和工业化装配式绿建实训平台。

2019年至今,以红色建筑讲述革命历史为主线,先后筹备"革命丰碑——天津市革命遗址展览"和"革命丰碑——天津市红色旧址展览"。展馆用于开展革命传统教育、爱国主义教育、思政课程现场教学、大中小学思政一体化建设等。展馆获批天津市青少年实践教育基地、天津市首批高校红色研学实践教育基地、天津市首批大中小学实践育人一体化精品线路。

自2022年起,申报并获批天津市新型工业化装配式建筑技术创新中心。在建设技术创新中心成果——工业化装配式绿建实训平台中,支部成员承担了协调、组织、设计质量把控、整体进度推进等核心工作,保证了天津市技术创新成果、学校重大工程的顺利推进。

3. 课程思政教学结合专业特色

构建红色资源课程育人主线,建设示范课程。以"利用红色资源、传承红色基因"为目标,依据教学规律,将红色资源融入建筑学专业课程体系,形成"识红色建筑—画红色建筑—读红色建筑—测红色建筑—讲红色建筑"的课程育人主线,建立课程育人的浸润式教学方法体系,提炼红色思政元素,建立天津红色资源课程思政元素信息库。获天津市教学成果奖及多项课程建设项目。

工程创新精神贯穿产教融合实践:一是组织推动跨学院多专业联合毕业设计。立足学校办学优势,以培养复合型应用人才为目标,以建筑学专业牵头,土木工程等其他4个专业与天津市建筑设计研究院共同联合开展校内跨专业联合毕设,先后有136名师生参加,其中53项毕业设计成果获得校级优秀毕设,2份设计作业获得全国专业竞赛奖项。此项实践受到天津市教育报等多家媒体关注报道。二是开展跨专业全过程协同的教学实践。开展以培养工程创新人才为目标的跨专业BIM协同课程教学体系实践,获批天津市教改项目1项、校级重点教学改革项目1项。

今后天津城建大学建筑学院建筑系教工党支部将继续围绕立德育人根本任务,着力聚焦思政育人、产教融合、科研育人,加强党建引领作用,巩固强化支部在教育党员、管理党员、监督党员、宣传师生、凝聚师生、服务师生"7个有力"建设,将党支部建设成为坚强堡垒和先锋阵地,力争成为促进国家级一流本科专业建设、推动教育事业发展的国家级党建工作样板支部。

 案例 28

党团共建革命丰碑　实践跃动青春脉搏

建筑学院　梁隽杰

在高校实践育人活动中,为充分利用党史红色教育基地"革命丰碑——天津市红色旧址展览",学院实践团队采用党团共建的实践形式,利用各年级学生的实践特点和优势,以校内外双向联动为主渠道,重点通过实地调研的形式将红色建筑为特色的专业背景融合到革命历史故事中,为指引青年更好地传承红色基因,提升使命感、紧迫感和责任感,加强实践育人工作成效提供新思路。

一、工作目标与思路

(一)研究背景及目标

为贯彻习近平总书记关于用好红色资源的重要指示批示精神,落实立德树人根本任务,提升青年传承红色基因、弘扬红色文化的能力。本实践项目充分利用"革命丰碑——天津市红色旧址展览"的育人作用,结合建筑专业特色,通过党团共建的实践形式,既可以响应国家对加强革命文物保护工作和红色文化教育的重视,探索红色资源在新时代的教育价值和使用路径,将革命丰碑展馆红色育人成效发挥到最大化;也可以通过实践育人项目的实施,促进党团共建的成效和大学生对党的历史的深入了解,强化他们的历史使命感和社会责任感,对培养承担民族复兴大任的时代新人具有重要意义。

（二）研究思路

为深入解析党团共建"革命丰碑"项目如何结合红色建筑资源，通过系统化构建和沉浸式体验，培育青年学生的红色情怀和社会责任感。我们创新了红色文化教育模式，以"革命丰碑——天津市红色旧址展览"为红色建筑资源的起点，利用720VR等现代技术手段汇总红色建筑资源，增强红色教育的吸引力和影响力，为红色文化的传承与发展提供新的视角和方法；以校内外双向联动为途径，通过"党团共建红色热土"和"镌心雕筑革命丰碑"两大实践项目，旨在擦亮红色文化名片，促进青年一代使命感、紧迫感和责任感的提升，实现立德树人的根本任务。

二、实践方法和过程

（一）工作体系构建

通过"主题化教育+系统化构建+沉浸式体验+实践性设计"的工作体系，有效地推进了在"革命丰碑——天津市红色旧址展览"内红色教育的深入实施。主题化教育聚焦于习近平总书记关于用好红色资源的重要指示批示精神①，通过系统化构建，将红色文化教育融入到学校教育的各个层面和环节。通过720VR技术、实地考察等方式沉浸式体验，使学生身临其境地感受红色历史和文化，加深理解和感悟。实践性设计则鼓励学生参与红色文化的传播和红色基因的传承活动，如党史团史知识竞赛、红色革命丰碑展览参观等，通过实际行动深化学习效果。该工作体系的构建，不仅促进了学生红色文化素质的全面提升，也为红色教育实践提供了有效模式和丰富经验。

（二）创新体制机制

构建"校—社—网"三维互动体制，形成多层次、宽领域的红色文化教

---

① 2021年6月25日习近平总书记在十九届中央政治局第三十一次集体学习时的讲话：用好红色资源 赓续红色血脉 努力创造无愧于历史和人民的新业绩。

育新模式。利用其专业资源和教育平台,与社会各界资源进行联动,通过网络平台扩大红色文化的传播范围和影响力。整合线上与线下教育资源,创新红色教育的传播方式,如结合 720VR 技术的红色文化虚拟展览,以及通过微信、微博等社交媒体平台推广红色文化。这种创新体制机制的建立,不仅增强了红色教育的互动性和体验性,还促进了红色文化教育内容的多样化和生动化,有效提升了红色教育的吸引力和覆盖面,为培养具有社会主义核心价值观的新时代青年提供了有力支撑。

(三)平台载体拓展

为满足党团等不同群体对红色文化和历史的学习需求,将微博、微信公众号、视频号等社交媒体平台与青年大学习、津门网络大思政等学习平台整合,构建多元、趣味、便捷的红色文化学习交流平台。这种平台载体的拓展,不仅使红色教育内容更加生动有趣,易于接受,而且极大地提高了学生和社会公众参与红色文化学习的积极性和主动性。此外,通过线上平台的广泛传播,有效地扩大了红色文化的影响力,加深了广大学生和社会公众对红色历史和文化的理解与认识,进一步增强了民族精神和文化自信。

(四)分年级开展活动

1.本科一年级:品悟党为理想革命奋斗的历史,夯实红色之魂

本科一年级的共青团员通过深入学习"革命丰碑——天津市红色旧址展览"内容,充分利用假期、周末时间走访或搜集家乡的一到两个红色教育基地,走访前通过互联网、访问等多种形式查阅红色建筑的基本信息,以及其背后蕴藏的红色人物、红色故事,沿着红色足迹学党史。

2.本科二年级:品悟党为家乡改革建设的历史,传承思想之基

本科二年级的入党积极分子通过查阅资料、走访调研、访谈、参观规划展览馆等多种形式,从专业领域视角看家乡新发展,进一步感受家乡的奋进气息,感受家乡发展的节奏;进一步激发广大青年热爱家乡、奉献家乡的情怀。活动主要以 PPT、海报、视频三种形式来展现家乡在经济发展、城市建设、民生制度等多方面的变化。

3. 本科三、四年级:品悟党为人民群众服务的历史,增强专业之能

为积践行党"全心全意为人民服务"的精神,组织本科三、四年级支部党员和入党积极分子开展"我为群众办实事"系列活动。充分利用"革命丰碑——天津市红色旧址展览"爱国主义教育基地和课程育人示范教学平台,参与展馆志愿者讲解服务。以思政教育引领学生更好地服务校园。利用专业优势,改造建筑楼宇及丰碑展馆环境,完成红色遗址建筑模型制作,既加大了红色党史在师生间的普及度,又巩固了同学的专业能力。

4. 本科四、五年级:品悟党为推动乡村振兴的历史,启迪实践之道

习近平总书记在中央农村工作会议中指出,要举全党全社会之力推动乡村振兴①。为加强对高校师生的理想信念教育,同时探索特色文化与乡村振兴相结合的发展之路,组织学生深入农村的调研活动,发挥专业特长,挖掘红色资源,产出特色文化。

三、取得成效与经验

(一)实践育人项目的成果

"党团共建革命丰碑"项目在实践中取得了显著成果,体现在学生政治理论水平的提升、红色文化认知的深化以及社会责任感和历史使命感的增强上。通过"革命丰碑——天津市红色旧址展览"志愿者讲解服务,实现了对红色历史的沉浸式体验和深刻理解。这种结合理论学习与实践体验的模式,使得红色教育更加生动、有效,极大地提升了学生的学习兴趣和参与热情。

项目成功激发了学生的爱国情怀,加深了党史的认识,促进了红色基因的传承。学生们通过参与红色故事分享、红色知识竞赛等活动,不仅增长了知识,也在情感上与党史产生了深刻的共鸣,从而更加坚定了他们的理想信

---

① 2020 年 12 月 28 日习近平总书记在中央农村工作会议上的讲话:坚持把解决好"三农"问题作为全党工作重中之重举全党全社会之力推动乡村振兴。

念。此外,项目还促进了学生社会实践能力和团队协作能力的提升,为他们成为社会主义建设者和接班人奠定了坚实的基础。实践团队获 2022 年天津市大中专学生志愿者暑期"三下乡"社会实践优秀团队,立项天津市高校思想政治教育工作研究基地(天津工业大学)2023 年度课题一项。

(二)实践中的总结

通过党团共建的形式,充分挖掘"革命丰碑——天津市红色旧址展览",结合红色建筑等资源开展的主题化教育活动,能有效提升学生的政治理论水平、红色文化认知和社会责任感。项目实施过程中,采用的"主题化教育+系统化构建+沉浸式体验+实践性设计"的工作体系,以及创新的"校—社—网"三维互动体制机制,为红色教育提供了新的实践模式和教育思路。同时,该项目通过引入 720VR 等现代技术手段,使红色文化教育更加生动有趣,增强了教育的吸引力和影响力,有效促进了红色文化的传承与发展。

基于本研究的发现,未来在推进红色文化教育工作中,建议进一步深化党团共建机制,充分挖掘和利用红色资源,创新红色教育的内容和形式。首先,应加大红色文化资源的整合力度,通过数字化手段,如 VR、AR 等,丰富红色文化的传播途径,使红色教育更加贴近青年学生的学习习惯和接受方式。其次,建议加强跨学科的合作,将红色文化教育与专业教育相结合,探索红色教育与专业发展融合的新路径,提高红色教育的实践性和专业性。此外,应进一步激发学生的主动性和创造性,鼓励学生参与红色文化的研究和传播活动,培养学生的独立思考能力和实践能力。最后,建议建立长效机制,定期评估红色教育的效果,根据反馈调整和优化教育内容和方法,确保红色文化教育工作的持续性和有效性。通过这些措施,不仅能够深化红色文化教育的内涵,也能为培养具有历史使命感和社会责任感的新时代青年贡献力量。

 案例 29

学生党员"红旗班"
——构建体验式红色文化教育模式,激活学生党建新动能

党委学工部 付 马

天津城建大学学生党员"红旗班",在中国共产党成立 100 周年之际正式成立,是学校党委系统推进"卓越思政"质量提升计划的一项重要举措。"红旗班"的成立,是探索通过对学生党员中的"关键少数"进行重点培训和实践锻炼,让"关键少数"带动"周边一片",从而引领周围"绝大多数"。三年来,在"红旗班"系统化的培训和实践锻炼中探索出一条体验式红色文化教育模式,通过走出课堂,走向社会,走进红色场馆,打造了"场馆里的思政课""行走的思政课",有效激活了学生党建红色引擎,释放了学生党建新动能。

一、工作目标和思路

体验式红色文化教育模式,主要是基于体验式学习理论,使学员在教师的引导下积极参与各种红色文化体验活动,获得自我体验和自我反思,并通过与他人的互动交流,形成道德认知与道德情感的统一,影响其思想认知和价值观,达到自我内化与自主建构,从而将红色文化认知外化为具体行为的一种教育模式。

党的二十大报告指出:"弘扬以伟大建党精神为源头的中国共产党人精神谱系,用好红色资源,深入开展社会主义核心价值观宣传教育,深化爱国主义、集体主义、社会主义教育,着力培养担当民族复兴大任的时代新

人。"习近平总书记在天津考察平津战役纪念馆时,强调对中国革命战争史要学而时习之,珍惜来之不易的红色江山。红色资源、红色文化,是广大党员学习党史、接受思想教育的最生动、最直接的教材。高校作为青年学生理想信念教育的主阵地,依托红色资源开展红色文化体验式学习和教育,也是传承红色基因,赓续红色血脉的重要要求。

（一）以体验式红色文化教育模式拓展实践育人载体

中国共产党在领导天津人民进行革命、建设、改革的不懈奋斗中,留下了许多弥足珍贵的历史遗存和精神印记,让这座城市拥有了丰富的红色文化资源,天津城建大学的革命丰碑展馆是一处以红色旧址、遗址系统讲述地方党史的红色教育基地。这些校内校外的红色资源以物质实体的形式,直观展现了革命先辈的艰苦奋斗历程,蕴含着丰富的精神财富。用好红色资源,通过第一课堂与第二课堂相互协调、相互联动、相得益彰,进一步拓展了红色教育的渠道和载体,有利于形成红色资源教育人、熏陶人、激励人的良好局面,引导学生在实践和体验中感悟红色历史,升华道德品质。

（二）以体验式红色文化教育模式强化铸魂育人实效

丰富的红色文化和红色资源中都蕴含着中国共产党人的伟大精神谱系,体现着我们的抗战精神、抗美援朝精神、雷锋精神……这些都是对青年学生开展理想信念教育的生动案例,是对青年学生开展爱国主义教育的鲜活教材。依托红色资源,积极创设情境、开展红色体验,将红色基因传承融入"体验式"教育,引导青年学生去学习和感悟,就是让共产党人信仰的种子浸入心扉,用红色故事感染青年学生,用革命精神激励学生,更好地引导青年学生志存高远,把"小我"融入祖国和人民的"大我",做到知史爱党、知史爱国,坚定不移听党话、跟党走。

（三）以体验式红色文化教育模式激活学生党建新动能

"组织育人"是十大育人体系的重要一环,而红色资源就是开展"组织育人"的重要助力。依托红色资源,有利于推动授课从有限的教学空间走向社会,把体验感相对不足的教学空间,拓展到体验感强的实践空间。依托更加多样化的教学载体,结合新时代青年学生的特点与实际,通过有针对性地制定"情境实践课",可以让党课的设计更加贴近学生,吸引学生。红色资源不仅蕴藏着"从哪里来"的精神密码,也是我们"走向何方"的精神路标,能够为学生党建工作以及深化"组织育人"提供丰厚滋养,学生们也可以从中汲取奋进力量,更好地实现以高质量党建激活卓越思政质效。

二、实践方法和过程

学生党员"红旗班",着力通过探索实施体验式教学和实践,优化"铸魂—润心—启智"三个环节,深化"四个拓展"。将红色文化教育主体从原有的以教师为主体拓展为师生共同主体,将教育内容从平面式拓展为立体式,将教育场地从校内教室拓展到校外红色教育基地、爱国主义教育基地等空间,将教育渠道从原有的线下学习模式转变为线上线下双线学习模式,不断提升善用、活用红色资源的能力,积极创建"情境式"体验教学,在实践中激励学生知行合一、勇毅前行;促进学生综合素质能力提升和全面发展;有效提升学生党建质量,激发学生党建新动能。

(一)铸魂:加强顶层设计,制订"体验式"成长计划

构建体验式红色文化教育模式,其基础是做好顶层设计,构建长效保障机制。具体来讲主要包括两个层面,从宏观上来讲是加强制度建设,制定并不断完善《关于进一步加强学生党建工作的实施意见》,配套推出《天津城建大学学生党建"四个工程"实施细则》等制度性文件,从校级层面加强学生党员教育管理规划,保障良好的教育管理机制,推进学生党建工作规范化、制度化、具体化。从微观上来讲主要是强化宣传和认同,根据学校实际制定"红旗班"选拔方案、成长计划,严格选拔条件,遴选优秀学生党员推荐至"红旗班",引导全体学员进一步明确体验式红色文化教育模式的目标、实施的主要环节和效果反馈机制;选派专门力量担任"红旗班"班主任和指导教师,持续做好"红旗班"学员成长跟踪记录。通过宏观和微观上同向发力,将体验式红色文化教育贯穿培养过程始终,务求铸魂育人见行见效。

（二）润心：丰富内容供给，推动"沉浸式"文化润心

构建体验式红色文化教育模式，核心是丰富内容供给，营造"沉浸式"文化润心氛围。在遵循传统思政课堂教学主渠道的基础之上，学校坚持推动红色历史、红色精神、红色故事的理论授课与实践体验形成相互配合、相互促进，推动提升教育实效的关系。近年来，学校立足本校资源，依托"革命丰碑——天津市红色旧址展览"、天津市教育系统巡察教育培训暨党风廉政建设教育培训基地展览等校内红色场馆，打通第一、第二课堂，积极推动场馆育人，将"平面式"的宣教内容转化为"立体式"环绕，引导学生身处其中"沉浸式"体验，通过这种高规格的红色场馆打造高质量的内容供给，引导学员们在"在展中学、在学中传、在传中做"，以又红又专的党团日活动、思政主题活动以及线上线下双渠道的氛围营造，不断增强党史学习教育的感染力，积极培育具有高辨识度的红色校园文化氛围，构建独具特色的红色校园环境，多维度讲好红色故事，推动文化育人、文化润心。

（三）启智：抓住关键环节，"互动式"感悟思想伟力

构建体验式红色文化教育模式，关键是拓展教育渠道，在"互动式"的体验中感悟红色文化思想伟力。针对这一点，重点做好两个方面：一是抓住"关键人"，充分调动各方力量，尤其是思政课教师以及"五老"同志的德育作用，邀请他们开展"场馆里的思政课"、面对面座谈等主题活动，与他们进行小范围的双向互动，促进学生更加深刻理解红色文化所蕴含的精神力量。二是抓住"关键点"，抓住"青年节""建党节""国庆节"等重要时间节点以及天津市重要革命遗址、纪念馆等红色基地，结合"我和我求学的城市""大思政课实践行"等主题活动，多途径、多形式开展连续性的体验式红色文化教育活动，引导学生自主设计实践环节，深度挖掘红色内容，在活动现场将以往的由解说员来说变为学员自己说，鼓励学生充分、深度参与活动过程，在互动式的切身体验中深化"红色研学"，感悟思想伟力。

三、取得成效与经验

随着学生党员"红旗班"体验式红色文化教育模式的不断深入,党建引领学生思想政治教育的效果显著提升,达到了"强""好""高"的目标和效果。

(一)学生满意度高,引领作用强

每一期"红旗班"学员结业时,学校会制作调查问卷调研学生们对为期一年的培养方案和成长计划最满意的内容,"体验式红色文化教育"是学生们最喜欢的一种教育方式,占比高达96%。根据学员成长手册,在学生参加体验式红色文化教育活动中,出勤率也是最高的选项,由此可见,相对于单向的课堂教学方式,学生对于体验式的教育方式和实践活动具有更高的满意度。在这种高满意度下,"红旗班"学员政治意识不断增强,能自觉把服务学校、服务师生与学风建设、志愿服务、树立"红色"形象和担当社会责任等方面深度融合,充分发挥了"一名党员、一面旗帜"的示范效应,形成了不仅自己学,更要带动周边人一起学的良好风尚。

(二)内容供给强,育人质量好

结合学员成长成才的核心诉求,我们不断调整"红旗班"的培养方案和成长计划,强化内容供给侧改革,提供更高质量的红色文化思政主题活动、营造"立体式""沉浸式"红色文化氛围以及拓展红色文化教育渠道等方式,激发学生主体性,增强学生有效互动,让学生在体验式红色文化教育模式中"唱主角"。通过实地参观、实践体验、角色扮演、情景模拟和红色文艺创作等手段创设教育情境,帮助学生党员在情景体验中反思、学习,真正参与到活动中,最终达到主动学习红色文化、自主守望红色信仰和自觉践行红色精神的目的。

在这一模式培养之下,全体学员在培养锻炼期间都收获成长和诸多荣誉。其中2名学员斩获天津市高校"大学生年度人物"暨王克昌奖学金特等奖,2 名学员获提名奖。学员中既有人参军入伍以身报国,也有人支教扶贫爱撒边疆;既有筑牢中华民族共同体意识的"石榴籽",也有积极参与世界智能大会的"微光志愿派"。在培养锻炼期间,更有 30 余名同学获评国家奖学金、天津市优秀学生、天津市优秀学生干部等荣誉称号。

(三)载体渠道通,社会评价高

学校通过开展"红旗班"体验式红色文化教育,积极畅通与场馆、家长、社会媒体的联通渠道。学校积极与红色场馆、基地进行共建合作,"红旗班"学员积极参与场馆活动宣讲、志愿服务等,良好的表现获得场馆和基地一致好评。学生素质得到提升,获得了广大家长认可。"红旗班"体验式红色文化教育相关活动先后被"学习强国"《天津日报》《天津教育报》等重要媒体报道,社会认可度高。

案例 30

从走近到走进　从信仰到力量

——记"青马工程"薪火班"沉浸式"情景思政课

校团委　孙淑锦

党的十八大以来,党中央始终坚持把学校思政课建设放在教育工作的重要位置,习近平同志对学校思政课建设作出重要指示,强调要不断开创新时代思政教育新局面,努力培养更多让党放心、爱国奉献、担当民族复兴重任的时代新人。天津城建大学深入学习贯彻习近平同志对思政课的重要指示,不断深化思政课教育教学改革,创新课堂形式与内容,组织"青马工程"薪火学习班学员,充分挖掘天津城建大学"革命丰碑——天津红色旧址展览"的场馆育人作用,围绕场馆展览内容开展"沉浸式"情景思政课。通过身临其境的"沉浸式"教学鼓励学生深入历史人物,体验革命先烈的英雄事迹,将"编+演+展"相结合,围绕情景演绎、古今对话、诵读家书等形式沉浸式体验天津的红色革命历程,着力把抽象深刻的道理转化为生动鲜活的案例、直观可见的数据、引人深思的故事,把价值观引导寓于知识讲授、案例讲解中,打造更多让学生听起来能"解渴"、学起来引"共鸣"、品起来有"回味"的精品课程,大力提升思政课的思想性、理论性、亲和力以及针对性。

一、工作目标与思路

(一)工作目标

在天津城建大学红色教育基地"革命丰碑——天津红色旧址展览"开展"沉浸式"情景思政课,通过创新的教学形式和丰富的红色资源,培养学生的爱国情怀、社会责任感和创新精神,为培养德智体美劳全面发展的社会主义建设者和接班人奠定坚实基础。

1. 深度挖掘红色教育资源,充分发挥高校场馆育人作用

通过沉浸式情景思政课,深入挖掘红色教育基地中丰富的红色资源,如革命历史、英雄事迹、革命精神等。让学生在亲身参与和体验中,更直观地感受到红色文化的魅力和价值,从而加深对红色文化的理解和认同。同时,根据天津城建大学"革命丰碑——天津红色旧址展览"的特点,结合学生的自身兴趣和需求,设计有针对性的课程主题和内容,让课程更加生动、有趣,从而吸引更多学生参观学习。

2. 创新思政课教学形式,增强学生情感体验

习近平同志强调:"思政课的本质是讲道理,要注重方式方法,把道理讲深、讲透、讲活。"①沉浸式思政课作为一种新兴的教育模式,通过身临其境的参与体验,广大青年大学生能够在内心深处激发出对红色文化的认同,通过模拟历史事件、还原历史场景等方式,让学生在编排与表演中亲身体验历史,感受革命先烈的英勇无畏和坚定信念,从而创新思政课的教学形式,提高学生的学习兴趣和参与度。产生强烈的情感共鸣,进而树牢红色理想,坚定理想信念,增强对红色文化的认同感和归属感。同时,通过引导学生思考和讨论,激发他们的爱国情感和社会责任感。

3. 提升学生综合素质及自我效能感

通过沉浸式情景思政课,培养学生的团队合作精神、创新意识和实践能力。在参与过程中,学生需要与他人合作完成任务,这有助于培养他们的团队协作能力;同时,面对新的学习方式和挑战,学生需要发挥创新思维,有助于培养他们的创新意识和实践能力。打造"以学生为中心"的沉浸式课堂,注重发挥朋辈间的示范、自省、互动和辅导功能,获得更多的实践经验和自我认知。注重运用情景式教学法,让同学们在真实的情境中感受和理解思

---

① 2022年4月25日,习近平总书记在中国人民大学考察调研,对思政课教学发表重要讲话。

政课的内容,提升学生在思想政治理论课上的自我效能感。通过朋辈来演绎好党的故事、革命的故事、英雄的故事,能够营造广维度、立体化的沉浸式思政课堂,有助于增强思政课的针对性和实效性,更好地理解和接纳社会主义核心价值观。

(二)工作思路

天津城建大学"革命丰碑——天津红色旧址展览"以天津市现存红色旧址为主体,以新民主主义时期天津党史发展脉络为主线,按照中国共产党成立前后和大革命时期、土地革命战争时期、全民族抗战时期、解放战争时期四个历史时期的时间线索,通过旧址测绘展示、多媒体展示、三维模型立体展示等方式,更加生动鲜活地用建筑遗址讲述红色革命故事,追溯红色记忆,传承红色文化,充分挖掘和发挥了革命旧址在宣传党的光辉历史和伟大精神方面的重要作用。针对该场馆的特色及展览内容,通过组织各种"沉浸式"思政课,如:角色扮演、历史重现等,让学生演员及观众身临其境地感受革命时期的艰苦环境和革命者的坚定信念,从而加深对革命精神的理解和认同。

二、实践方法和过程

(一)实践方法

以"革命丰碑——天津市红色旧址展览"馆为载体,结合馆内一百多处红色旧址,围绕立德树人的根本任务,选取中国共产党成立前后和大革命时期、土地革命战争时期、全民族抗战时期和解放战争时期四个时期的经典片段开展,通过情景剧的文艺汇演方式,打造一堂以青年学生为中心的"沉浸式"情景思政课。

(二)实践过程

1.前期准备

在校内组织薪火班全体学员参观学习"革命丰碑——天津市红色旧址

展览",同时邀请马克思主义学院教师进行详细讲解,深刻剖析展览所体现的红色精神内核,引导学生深入理解和感悟场馆内的革命故事、革命精神。

与校外红色教育基地建立紧密合作,实地参观共同策划。围绕场馆展览内容,带领薪火班全体学员走出校园,实地参观考察平津战役纪念馆、觉悟社、烈士陵园等天津现有红色的展馆旧址,深刻体会革命先烈的英雄事迹,感悟天津这座演绎出中国近代跌宕起伏的城市。同时,积极整合社会资源,邀请专家学者、历史见证人等参与活动,为学生提供更加丰富、生动的红色教育体验。

2. "沉浸式"情景思政课内容创编

围绕"创设以青年学生为中心的'沉浸式'情景思政课"原则,组织薪火班学员依托展馆内容撰写展演剧本,由青年学生担任导演、编剧及演员。邀请相关职能部门领导及马克思主义学院老师进行审核修改,并在全校范围内征求师生修改意见,确保剧本的展演效果和可行性。最终,薪火班学员创设了一堂以"革命丰碑——天津市红色旧址展览"四个时期为主线,经典历史事件为背景,包含现场讲解、情景剧展演、观众互动等内容的"沉浸式"思政课:

(1)第一幕:觉醒年代。以中国共产党成立前后和大革命时期为背景,带领观众走进天津觉悟社纪念馆旧址,展现1919年天津学生联合会骨干成立了进步青年团体觉悟社的历史故事。在情景思政课中加入发传单、喊口号等互动环节,让观众感受中国共产党成立前后的社会氛围,深刻体会天津的爱国青年们积极投身反帝反封建的爱国运动的觉醒力量。

(2)第二幕:黎明的呼唤。以土地革命战争时期为时代背景,带领观众走进五村农民反霸斗争遗址,演绎彭真(时名傅懋恭)来天津从事工人运动,传播革命思想,集聚革命力量,组织、发动农民开展反霸护佃斗争的场景。让观众深刻了解中国共产党在领导农民群众的斗争中,积极培养骨干力量,使这一斗争逐步走上正确轨道,并取得最后的胜利的全过程。

(3)第三幕:活着1937。以全民族抗战时期为背景,带领观众走进"八路军母亲"杨妈妈故居中发生的感人故事。重现在日伪军"治安强化"运动期间,杨妈妈多次机智地掩护八路军指战员,精心照顾伤病员,冒着生命危险保存抗日物资等场景,深情演绎杨妈妈把两个儿子送上了抗日前线的分离情景,通过平凡人的故事让观众深切体会中国共产党领导下人民军队与人民群众的鱼水之情。

(4)第四幕:薪火相传。以解放战争时期为时代背景,带观众走入天津市烈士陵园,通过八路军、新四军、解放军、地下工作者以及普通百姓等角色视角,以古今对话、诵读家书的形式讲述

通过回顾英雄事迹,让现场观众沉浸式地缅怀革命先烈,重温峥嵘历史,从而激发青年学生的爱国情怀和历史责任感,自觉在新时代新征程中承担赓续红色血脉的责任和使命。

3."沉浸式"情景思政课展演

邀请各学院党支部、团支部带领党员、预备党员、共青团员"革命丰碑"馆参观,同上一堂欣赏"沉浸式"情景思政课。通过情景剧展演及观众互动沉浸式体验革命先烈的感人事迹。同时带领党员团员重温入党誓词及入团誓词,使观众也成为演员,以具有仪式感的互动的方式,使党员团员及青年学生切身体验历史事件和革命场景,感受先烈的英勇无畏和坚定信念。

为使更多青年学子深入本次思政课堂,进一步发挥"革命丰碑——天津市红色旧址展览"馆育人作用,在学校公众号、视频号、抖音等新媒体平台推送"沉浸式"情景思政课视频,建立全方位的红色文化教育体系,同时通过公众号收集广大师生校友的意见建议,不断完善课程方案,提高"沉浸式"思政课堂展演效果。

三、取得成效与经验

(一)充分发挥革命丰碑场馆拓展思政课堂的积极作用

革命丰碑展馆为思政课实践教学提供了充足的活动空间,实现理论教学与实践教学的有效结合,并在内容、方法及成效上形成系统完善的实践教

学体系。依托场馆,思政课教师有针对性地设计教学场景,在场馆内构建全方位的现场教学育人大课堂,学生离开了传统的理论教学课堂,在场馆内动态教学场景中完成认知探索、理论学习、自我展示的过程。场馆为学生提供更直接、强烈的视听感官冲击,理论教学内容更容易被消化吸收,实现了思政教育与场馆育人的高度统一。

(二)充分创新革命丰碑交互式、沉浸式思政大课堂形式

依托场馆,创设现场讲解、情景剧展演、交流互动等沉浸式思政活动,打造身临其境的育人空间。立足场馆展示内容,在全校范围内开展"我来讲"活动,让学生从听众变为讲述人,强化学习效果,加深思想领悟,以身体力行的实践活动加强场馆育人成效;在场馆内开展情景剧展演,巧设强互动性情节,让学生从旁观的观众变为亲身参与者,实际参与到演绎的情境中去,引发强烈情感共鸣,激发学习热情。场馆展演交互性设计能够让学生在场馆内获得立体、沉浸和探索式的学习体验。

(三)充分打造具有思想引领作用的思政场所

在革命丰碑内高高挂起团旗、党旗,带领学生在场馆内庄严宣誓,重温入团、入党誓词,更能感召学生不忘初心、牢记使命,更能激励学生不断进取、奋斗终身。现场宣誓的形式,既是理想信念的铭记,也是接续奋斗的昭示。

花式"研学"生动鲜活　沉浸式体验"行走的思政课"

党委学工部　王榅棋

一、案例背景

天津城建大学为深入学习贯彻习近平总书记视察天津重要讲话精神和党的二十大精神,全面推进"大思政课"建设,依托地缘优势开展爱国主题教育,深入挖掘天津的城市文化与历史底蕴,引导学生热爱求学的城市,走进红色教育基地,将爱国主义教育课堂搬到室外、搬到蓝天碧草间,精心策划推出"热爱我求学的城市"研学实践系列活动,通过组织学生实地参观、研学体验,思政课教师、学生党员现场宣讲的方式延伸思政课堂"半径",把思政课堂"搬"出校园,"搬"进社会,实现"思政小课堂"同"社会大课堂"的巧妙结合,让思政教育有"知"更有"味",引领学生涵养爱国品格、汲取奋斗力量。

二、经验做法

研学旅行不同于普通的课外实践活动,立足天津本地独具特色的红色文化资源开展爱国主义教育,制定包含有主题、目标、形式、内容、成果的研学旅课程方案,做到在游中学、学中做,强化实地体验和相互研讨。让大学生真正亲身体验红色革命遗迹,互动交流爱国情感,逐渐深化对爱国主义的认识,形成理性思维,让爱国主义教育入心入脑。

(一)打卡革命丰碑,探寻津沽文化

"以前了解的革命故事,大多是从书本和电视中看到的,当亲眼见到这些重若千钧的历史烙印,仿佛触摸到了那段峥嵘岁月,真切感受到信仰的力量。"这是红旗班学员在吉鸿昌旧居发出的感慨。2019 年以来,学校建筑设计研究院文保遗产保护中心主任兰巍老师带领建筑学院 100 多名师生利用假期和课余时间,查阅大量资料,开展精准测绘,将党史事件与历史建筑相对应,运用现代科技,对红色旧址进行现场调查、测绘、复原并建档,学校革命丰碑展馆也因此获天津市首批高校红色研学实践教育基地。学校选取冯骥才先生的《天津文化地图》和学校革命丰碑展均收录的觉悟社旧址、中山公园、金汤桥、吉鸿昌旧居四处红色旧址带领学生开展研学实践,重返红色旧址,通过红色建筑讲述党史故事,传承红色基因,点亮红色初心。

(二)打卡津城民族团结地标,铸牢中华民族共同体意识

习近平总书记在中央民族工作会议上指出:"铸牢中华民族共同体意识是新时代党的民族工作的'纲',所有工作要向此聚焦。"学校组织开展"打卡津城民族团结地标铸牢中华民族共同体意识"民族团结主题研学实践,精心选取天津市少数民族学生教育管理服务工作室、56 个民族非遗保护传承中心、民族中学、民族文化宫、西北角美食街等五处民族团结地标,由"红旗班"学生党员作为领讲人,通过小规模、互动式、立体式的研学实践模式,引导同学们进一步感受天津地方民族文化特色,体会民族大团结的力量,增强文化自信与认同,进一步铸牢中华民族共同体意识。

(三)探索书香天津,共赴悦读之旅

在"世界读书日"来临之际,学校组织开展第三期"探索书香天津,共赴悦读之旅"读书主题研学实践,组织学生前往天津图书馆、西青区图书馆、青阅书苑、三联韬奋书店和国图津湾文创空间开展研学实践。图书馆和书店为全民阅读提供便利的同时,也丈量着一座城市的文明尺度和精神厚度,通过此次读书主题研学鼓励同学们身处城市文化地标,领悟阅读的真谛,探

索书香天津,共赴一场悦读之旅,进而养成爱读书、读好书、善读书的良好习惯,切实增强历史自觉和文化自信。

(四)滨城"逐绿",赏生态文明新画卷

近年来,天津市深入贯彻落实习近平生态文明思想,高标准推进生态文明建设工作,滨海新区中新天津生态城于2022年11月获得第六批"绿水青山就是金山银山"实践创新基地称号。学校组织学生前往滨海新区中新生态城南湾公园、妈祖文化园、东堤公园、国家海洋博物馆开展研学实践,并邀请马克思主义学院副教授赵艳波为同学们讲授了一堂"行走的思政课"——新时代中国特色社会主义生态文明建设。引导学生深入体验天津生态文明建设成果,争做生态文明建设的宣传者、倡导者、践行者,用实际行动助力建设生态优先、绿色发展的美丽天津。

(五)城建专业特色研学,让学习"身临其境"

以"拍天津建筑—讲天津建筑—画天津建筑"为活动主线,前往天津博物馆、利顺德饭店、天津智慧港粮油码头、天津港大厦、东疆港公园、天津津沽污水处理厂、天津解放南路海绵城市、天津节水科技馆等地开展实践活动。引导学生结合专业,沉浸式探寻天津建筑之美,感悟天津建筑历史的百年风云,领略天津近现代的建筑技艺及潮流变化,品味天津建筑中西文化的融合碰撞与升华,坚定同学们热爱天津、建设天津的信心和决心。

(六)津沽寻迹·国防有我

习近平总书记考察平津战役纪念馆时强调对中国革命战争史要学而时习之,珍惜来之不易的红色江山,发扬革命传统,勇于战胜前进道路上的各种艰难险阻。将国防教育融入城市血脉,深入挖掘天津城市文化与历史底蕴,以军事思想研学、军事军史研学和军事科技研学为主线,带领学生走进红色津门,前往平津战役纪念馆、大沽口炮台遗址博物馆、泰达航母主题公园等走访研学。通过开展"纪念馆里的朗读者""再登一次大沽口""航母下的思政课"等活动,帮助学生坚定理想信念根植红色基因,涵养家国情怀,强化战斗精神,感悟强国力量。

（七）探寻乡村振兴之路，筑牢文化自信之基

少数民族预科班学生代表前往吕官屯进行主题研学活动。吕官屯，傍依京杭大运河东岸，历史悠久，文脉昌盛，乡风淳厚，是远近闻名的"状元村"。同学们参观了吕官屯村艺术陈列馆，在研学过程中，感受中华传统优秀文化，深化少数民族学生对坚定文化自信的理解和认识。

三、工作成效

精心推出革命丰碑、民族团结、书香天津、生态文明、国防教育等研学线路，被全国高校思想政治工作网、《天津日报》、天津电视台、《天津教育报》、津门教育、"学习强国"天津平台等多家媒体报道。

四、经验总结

（一）高度重视，精心组织

组织研学是创新爱国教育的实践方式，有利于激发大学生的参与的积极性，也是大学生初步走向社会、了解社会的契机。组织学生以集体出行的实践方式能够拓宽学生的视野，激发学生的好奇心，学生在回忆旅行所见所感时无形中浸润了红色文化，更好地感悟到红色精神的力量。学校成立"我和我求学的城市"主题教育活动领导小组，全面发动、精心组织，统筹推动教育活动开展。各项主题活动明确牵头部门和责任人，各单位、部门要超前谋划、协调配合，保证各项主题教育活动全覆盖，全知晓、全参与，一体推进各项工作落地落实。

（二）深入宣传，扩大影响

创新形式载体，充分运用各种符合教育实际、深受师生喜爱的鲜活方式，以新形式、新内容、多渠道、多载体开展宣传教育，爱国主义教育基地、城市地标建筑、红色革命圣地、革命烈士陵园是研学旅行主要参观的地点，通

过这种"走出去"的新鲜实践教学模式可以增强爱国主义教育的活力和育人效用。通过线上、线下联动的方式提高活动的知名度和参与度,大力宣传天津城建大学开展的"我和我求学的城市"有关活动及其成效,主动联系主流媒体、教育媒体和各种新媒体平台,对系列活动进行全方位宣传报道。

(三)注重总结,提升实效

及时总结推广先进的经验做法和创新实践,确保活动有序推进,并形成工作总结,突出活动实效。持续推出津城文化、深耕专业、红色记忆、劳动教育等多条研学实践线路,带领学生实地参观、亲身体验。带领"红旗班宣讲团"在深度研学的基础上集体备课,通过进班级、进社团、进宿舍等方式,开展"热爱我求学的城市"朋辈主题微宣讲,引导更多有志青年,深耕专业技能,逐步树立留在天津和建设天津的志向。

 案例 32

以红色文化为青春赋能

——红色文化视角下"成长型"班级建设

建筑学院　范佳悦

红色文化是中华优秀文化中地位颇高的部分,当今时代相当重视以文育人,尤其是以红色文化培育青年一代。高校一直以来是学习红色历史,传承红色基因,弘扬红色教育的重要阵地,一个优秀的高校班集体应当具备将班级建设与红色文化相结合的能力。本项目主题为"以红色文化为青春赋能——红色视角下'成长型'班级建设",力求采用青年人所接纳的形式将红色文化与班级建设紧密结合,将红色因素贯彻到班规制度、班会主题、干部建设、班级活动及其他日常生活中,将红色文化落实到班级建设的方方面面,采用寓教于乐的方式将红色历史根植于每位学生的内心,将红色精神内化于心外化于行,赋予青年一代"红色能量",契合时代要求,建设以红色文化为主视角的"成长型"班集体。

一、工作目标与思路

(一)工作目标

1. 班规班纪目标:立红色班规,塑奋斗班风

以红色革命文化为基础,加以新时代文化融合创新,建立一套新时代红色班规、班纪、班训。对学生的学习纪律,生活纪律等加以规整,使学生以红色文化规束自身,提升自律能力,培养奋斗精神,强化学生爱国情怀,从而建设作风优良的"成长型"班风。

2. 班级风气目标：效红色历史，凝正气班风

与学生共同品读红色历史，以红色文化中的优良作风规范班级纪律，创建团结友爱，互助合作的班级氛围，凝心聚力，凝聚正气，使学生群体拥有正确的生活之风、治学之风、为人之风、处事之风，明确对祖国的责任与担当。

3. 学习认知目标：品红色书刊，传革命精神

定期与学生开展红色书刊品读会，红色文化茶话会等系列班会活动，交流学习红色文化时的心得体会。一方面使学生与班级成员沟通交流，增进友谊，团结班级，另一方面寓教于乐，使学生在轻松愉快的会议环境下学习红色知识，提升文化修养，传承革命精神。

4. 班干建设目标：树红色标杆，育优良榜样

"自主成长型"班级建设是否成功关键在于班干部团队的培养是否成功。为学生树立红色榜样，列举革命人物中值得借鉴为班干部选拔标准的优良品质，在班级内培养一批先进学生干部，带动班级成员共同奋斗进取，建设富有红色文化特色的先进班集体。

5. 生活实践目标：锻红色基因，赋青春能量

红色基因使共产党人的精神内核与政治标识，通过红色视角下班级建设，培养学生红色基因，增强新时代青年人的志气，骨气与底气。以红色文化为向心力与引导力，使学生自觉树立崇高理想，坚定前进方向，将红色文化转化为青春能量。

（二）工作思路

红色文化有着丰厚的革命精神和宝贵的文化内涵，被视为中华民族的优秀传统文化和中华民族宝贵的精神财富，是社会主义发展的立国之本，是党和人民发展的根本血脉与精神法宝，因此中华儿女都应该认真学习其精髓，领悟其内涵。大学作为教书育人，培养中华民族伟大复兴接班人的重要场所，担负的使命不仅是培养学习人才，更是培养热爱祖国，忠于人民，敢于斗争，纯洁先进的新时代优秀青年。

具体工作思路分为以下板块：

1. 开展班会向学生传达"红色视角下成长型班级建设"的初步想法,目的以及重要性,并对学生加以分工,带动学生积极性主动性,使学生主动参与到"成长型"班级建设中。

2. 由学生小组自主收集红色文化相关资料并在班级内交流分享。

3. 根据学生所供红色文化资料加以精炼,推出一套红色视角为核心的班级规章制度与班风制度,并附以奖惩明细,带动学生自觉以红色文化中的优良品质严格要求自身,助力青年一代学习红色历史,培养热爱祖国,忠于人民,团结奋进,勇于斗争的新时代青年。

4. 在班级内部设立红色文化读书角,学生们互相交换红色书籍与刊物,互相交流阅读红色书籍的心得体会,定期开展读书交流会,由负责人将会议中学生所提及的红色文化书籍记录在会议纪要中,发布于班级群内,供学生参考借鉴。

5. 班级内部定期进行班干部考察,检验班级干部对红色文化的了解程度,培养一批先进自律,对红色文化了解深刻的班干部,在班级内部形成班干部以红色精神为标杆,学生以班干部为榜样的成长氛围,助力红色文化为主体的班级建设成功实施。

二、实践方法和过程

(一)项目实施方法

为本次班级建设方案圆满实施,班主任及辅导员带领全体班级成员对红色文化展开资料收集与活动策划。并通过对学生的调研了解当代学生群体对班级红色文化建设最迫切需求的点,在搜寻材料时着重收集,并通过观察班级当前班规班纪班风,查找缺点与不足,利于后续设计新班规班纪时将红色文化融入其中。

为本方案落实中迎合时代发展,符合当代青年学生的潮流,辅导员号召学生清扫班级角落,为摆放书架建立班级"红色读书角"做好前期准备,并由班级学生代表策划并准备一系列红色主题文娱活动,如原创红色主题剧本杀,重走长征路主题运动会等,力求用青年人所热爱的方式寓教于乐,潜移默化推动红色视角下成长型班级建设的落实。

(二)具体实施过程

1. 传承红色基因,点燃红色情怀

形式:班主任与辅导员面向班级开展"建设红色视角下成长型班级"主题班会。

内容:以其他高校优秀班级建设实施成果为案例,通过班会向学生传达落实"成长型"班级建设的目的及重要性,并传达"以红色文化为青春赋能——红色视角下'成长型'班级建设"的实施要求,调动学生自主参与的积极性主动性,与学生一起收集红色文化资料并加以整合,对后续红色文化班级建设进行分工部署,使学生群体各尽其才,使学生在实践中加深对红色文化的交了解,提升学生奋斗意识与合作精神的同时培养学生责任感与执行力。

2. 感悟红色历史,制定红色班规

形式:提取红色文化优秀精髓,制成班规,班纪,班训。

内容:在班主任与辅导员的指导下,学生群体共归纳了"长征精神""劳模精神""拓荒牛精神""老黄牛精神""孺子牛精神"五项红色事件精神;"雷锋精神""焦裕禄精神"等一系列红色人物精神,并将其精髓制定成班规班纪展于班级文化墙:

思想上:热爱祖国,忠于人民,乐于奉献,敢为人先。

行动上:勇于拼搏,团结奋进,吃苦耐劳,敢闯敢拼。

学习上:好学善思,爱友敬师,坚定理想,开拓创新。

生活上:善良正义,淡泊名利,先进纯洁,作风优良。

实践上:真抓实干,追求进步,知行合一,科学求实。

班级建设前期基于以上五条班规班纪在班级内部实行学生之间相互监督的措施,保证执行效率;并加以奖励措施,利用班费对表现优良的学生颁发红色文创作为激励,推动学生对该红色班规的重视程度,循循善诱助力学生将红色文化内化于心外化于行。逐见成效逐步淡化监督与奖惩,使班级内部形成红色视角下自主成长型优良班风。

3. 阅读红色书刊,品味红色文化

形式:在班级内安置读书角摆放"共享红色读物"。

内容:在教室划分一部分空闲空间作为红色读书角,召集学生收集红色书籍或红色报刊等读物摆放于红色读书角供学生自主阅读,并开展红色文化交流会进行阅读交流,使学生在学习红色文化的同时增加与其他学生的沟通,提升班级活力,凝聚力与向心力。

4. 开展红色文娱,赋能青春活力

形式:原创红色主题剧本杀,重走长征路主题运动会。

内容:顺应学生所提需求,使其自行组织开展红色文娱游戏会,例如革命主题剧本杀,重走长征路主题运动会,使学生在沉浸式演绎的过程中加深对红色历史的共情能力,身临其境感受革命先烈的伟大,领悟红色精神,增强民族自豪感,潜移默化培养红色情怀。

5. 设计机制反馈,助力班级建设

发放调查问卷向班内学生询问该方案实施过程中的建议,针对问卷情况及时对班级建设方案进行调整,及时查找不足并加以改良,确保红色文化视角下"成长型"班级建设方案的先进性与可持续性;在方案实施一阶段后随机对班级学生进行问卷调查,分析学生群体对红色文化是否有了更深刻的认识与领悟,得出肯定结论后再进行下一阶段班级建设,确保以红色文化建设"成长型"班级切实有效而非空谈。

三、取得成效与经验

（一）实施成效—优点复盘

本次"以红色文化为青春赋能——红色文化视角下'成长型'班级建设"项目效果优良，方案实施后学生群体爱国思想觉悟明显进步，3/4 的学生都能按照所制定红色班规制度严格要求自身，班风显著改善，班级建设正朝着团结友爱、勇于拼搏、开拓创新、善学善建的方向稳步前行，切实达到预期效果。

经分析，本项目成果显著的原因有三点：

1. 突破了传统红色主题班级建设机制单一的限制，本方案积极向学生群体征求意见，采纳了几种新奇方式用于红色班级建设更好落实，形式新奇有趣，内容多元丰富，力求寓教于乐，在轻松自在的环境中学习红色知识，了解红色文化，团结学生集体，赋能青春活力，建设优良班级。

2. 充分调动学生群体，按组分工合理进行任务分配，使学生为主体参与到班级建设中，培养学生群体团结协助的能力，更好地发挥学生的积极性主动性，使"成长型"班级建设方案更加合乎青年品味。

3. 设置反馈机制，及时有效地分析该红色主题班级建设是否切实有效对学生产生正向影响以及不足之处在哪里，有利于及时补充班级建设方案，使"以红色文化为青春赋能——红色视角下'成长型'班级建设"做到内容先进，形式可持续，为"成长型"班级的成长助力。

（二）所获经验—缺点反思

该班级建设方案的缺点在于前期启动经费稍有不足，在"红色读书角""红色文娱会"方案落实中效果与预期稍有偏差，但大部分学生在反馈中称这种情况更能体现红色文化中"艰苦朴素"的优良品质，后续会根据学生反馈意见进行调整。

（三）总结

"以红色文化为青春赋能——红色视角下'成长型'班级建设"方案整

体落实效果良好,达到了赋能青年活力,建设"成长型"班级的预期,学生对红色文化的认知程度显著提升。在后续实践中,还将不断完善班级建设机制,为培养传承红色血脉的新时代新青年赋能青春活力。

参考文献:

1.蒋昌忠.让红色文化成为立德树人的鲜亮底色[N].人民日报.2023-3-23.

2.胡靖.着力构建青少年红色教育体系[N].光明日报.2020-12-28.

3.习近平.用好红色资源,赓续红色血脉,努力创造无愧于历史和人民的新业绩[J].求是.2021-9-30.

案例 33

布局"红色展馆"　志愿服务"零距离"

——以革命丰碑展擦亮"雷锋精神"的时代名片

马克思主义学院　高建华

近年来,依托革命丰碑展,天津城建大学大力弘扬"奉献、友爱、互助、进步"的志愿精神,扮靓红色展厅,通过进行红色志愿宣讲服务行动,以情景式教育、互动式宣讲、沉浸式体验等形式,把天津红色党史宣讲融入志愿服务中,持续扩大革命丰碑展学习教育的影响力,切实提升立德树人实效。如今,革命丰碑展的志愿服务已经成为学校一道靓丽的文明风景,在纵深推进新时代文明实践工作中发挥着重要作用。

一、工作目标与思路

志愿服务是社会文明进步的重要标志,是一座城市的幸福底色,也是作为红色展馆的革命丰碑展的重要职责与使命,是天津城建大学培育和践行社会主义核心价值观的重要内容。革命丰碑展致力于发挥自身优势,开展特色志愿服务活动,采用计划与实践并重、培训与服务同步、实施与总结互检、激励表彰与宣传推广共进的思路共同推进志愿服务常态化、特色化。

（一）计划与实践并重

革命丰碑展在制定工作任务的过程中,要明确下一年的活动计划和任务,并对活动计划的人员安排、经费保障、活动流程等制定详细的实施方案。基于详细的计划预案调用各方面资源做最充分的准备。在活动实际开展过程中,不机械地拘泥于计划本身,要依据服务对象的特点和新变化,调整或增加服务内容和项目。

（二）培训与服务同步

红色展馆的志愿服务工作是一项专业化非常强的工作，基于服务对象的不同特点，我们主要进行以下三个方面的培训：第一，价值认知培训。志愿服务是一种自觉自愿的行为，需要志愿者对活动以及服务内容有高度的价值认知感，因此在进行志愿服务前就要对志愿者进行价值认知上的培训，提高认同感与积极性。第二，志愿技能培训。天津红色历史讲解、沉浸式互动式情景体验、针对残障展馆者的口述影像培训等都是较为专业化的工作，需要对参与其中的如思政教师与大学生群体等进行培训，以提升服务质量与效果。第三，现场演练培训。组织活动井然有序，每位志愿者各司其职相互配合，这需要磨合与专业的指导。在每次活动前，团队会对流程进行细致的梳理与打磨，致力于以精细化的服务开展好每一次活动，做好每一项服务，让服务对象安心、暖心、舒心。

（三）实施与总结互检

一次活动好不好，一项工作实不实，最终还是要依靠实践来检验。第一，对志愿服务的整体情况进行把握，定方向抓全局，从整体上看活动是否达到了预期的效果与目标。第二，关注活动的细节，复盘志愿服务中的每一个问题，一问题一回应，一问题一解决，写入工作日志，在反思细节中提高服务质量。第三，将志愿服务活动经验常态化、长效化、制度化，在反思中进步，在总结中提升，将好的经验形成工作机制，落实在今后的每一次活动中。

（四）激励表彰与宣传推广共进

建立有效的志愿者招募注册登记与表彰激励机制，形成自治、自建的活跃氛围。第一，进行优秀志愿者评选。学校每年会对表现突出，主动参与贡献自己力量的志愿者进行表彰，提高他们的荣誉感。第二，遴选优秀的志愿服务主题活动。积极征集学生在服务中的个体意愿，鼓励提出具有创造性、建设性的活动方案，并进行可行性测评，形成学生提出，学校提供资源予以支持的生动局面。第三，进行宣传与推动。注重将好的做法与志愿服务亮点通过各种媒体平台进行推广,实现以点带面,以宣传促发展的良好效果。

二、实践方法和过程

(一)解读阐释时代化、立体化

擦亮"雷锋精神"的红色名片首先要在新时代阐释好红色精神与雷锋精神。我们结合志愿服务对象的心理特征与行为特点,对天津的红色革命旧址展示出的红色精神进行时代化研究、立体化的阐释。马克思主义学院的青年思政课教师作为革命丰碑展的主要讲解力量,不断更新自己的知识内容,坚持问题导向,常态化开展针对志愿服务对象的服务需求、价值需求、现实困惑等方面进行调研,找准服务对象的思想需求点;以需求点为牵引,深入挖掘红色精神的时代价值。同时,马克思主义学院思政课教师充分考虑新时代青年的认知特点和成长规律,在进行志愿服务的同时,积极践行立德树人的根本任务,充分利用网言网语开展适龄化阐释,并在实践中不断探索完善,形成可推广、可借鉴的方式方法,扩大宣传阐释的有效覆盖面。

(二)服务机制常态化、长效化

自革命丰碑展开展志愿服务活动以来,马克思主义学院组建的志愿服务团队在传承中一直向前发展,志愿服务的脚步从来没有间断过,尤其是针对残障人士的志愿服务活动是学院的特色工作。在"平等、融合、共享"价值理念的指引下,马克思主义学院与校团委以及天津市盲人协会共同合作,充分发挥思政课教师在革命丰碑展进行志愿服务讲解的优势开展党史宣传教育,同时在活动中不断完善志愿者服务培训体系,对参与志愿服务的教师与学生常态化开展导盲随行、无障碍督导、口述影像等助盲活动技能培训,使得在革命丰碑展开展针对残障群体的志愿活动井然有序,每位志愿者都能各司其职、相互配合。

(三)志愿服务实施助精准化、多样化

为了能够让残障人士能够也有机会走进红色展馆,和广大健全人士一

起学史明志,天城大志愿者以视障者触摸红色历史,感悟红色精神为努力方向,带领视障人士来到天城大,走进革命丰碑展,聆听天津的红色发展历史,马克思主义学院教师贾恒欣进行了全程讲解,讲解生动鲜活,催人泪下,让视障朋友在了解与感悟中对天津的红色革命发展之路有了更深刻的认知。同时,马克思主义学院与心之光无障碍体验中心联合在微信公众号"心之光智慧课堂",开设党史学习专栏,以党的重大事件为线索,融合天津元素,以不同时期的典型事例、历史人物、精彩故事为主干,通过口述影像、录制音频等形式为残障和老年朋友讲解党的伟大历程和辉煌成就。录制百余期《党史小课堂》与《中国共产党人精神谱系》系列音频,引导广大视障者"听党话、感党恩、跟党走"。

三、取得成效与经验

（一）锚定价值目标：在志愿服务中促进师生内生长

在志愿服务活动中,作为参与者的学生与教师是最大的受益者,他们在活动中对天津的红色历史更加了解,对于自己求学和生活的城市更加热爱,同时也激发了生命热情和价值觉醒。思想政治教育工作是立德树人的工作,主要是促进学生的内生长即精神层面的成长。而志愿服务活动就是重要的抓手。"革命丰碑"展的志愿活动并不是单向的输出,而是双向奔赴是生命与生命的交流。志愿者与服务对象从陌生到熟悉,从帮助到携手一路同行,不仅在其中提升了自身党史的宣讲水平和服务能力,也让广大残障人士更好地从党的光辉历史中汲取奋进力量。

（二）注重制度建设：健全参与志愿服务的保障体系

一方面,完善志愿服务团队的管理流程。从志愿者的招募、培训到实践,团队流程规范严格,同时培训设置志愿服务对象的参与环节,使得志愿者从一开始就能接触并感知自己的服务对象,整个流程既专业性又充满了人文关怀。另一方面,锤炼一支专业化的服务团队。红色展馆宣讲工作是一项专业化非常强的工作,基于服务对象的不同特点,需要对志愿者进行心理与行为培训。学校提供资源支持与革命丰碑展相关的志愿服务活动,对于好的做法与志愿活动的亮点通过各种媒体平台进行推广,实现以点带面,以宣传促发展的良好效果。

(三)加强社会实践:以志愿服务提升思政育人成效

在社会实践中思政课教师身体力行,做崇德向善的思政课教师。育人先育己,思政课教师首先要做雷锋精神的践行者,争当革命丰碑展的讲解员,不仅做精通专业知识、做好"经师",又要做涵养德行、成为"人师",以实际行动带动学生参与志愿服务活动,起到了引导和带动的作用。学校高度重视志愿服务活动在育人中的作用,着力发挥革命丰碑展志愿服务"助人"和"育人"双主线功能,组织动员师生广泛参与志愿服务,大力弘扬"奉献、友爱、互助、进步"的志愿服务精神,积极引领广大学子争做有理想、敢担当、肯奋斗的新时代好青年。

后　记

　　我们党在辉煌奋斗的历程中所孕育形成的红色文化,是宝贵的精神财富。高校作为为党育人、为国育才的重要阵地,有责任也有义务用好红色资源、传播红色文化,丰富红色内涵,凝聚起广大青年奋进新时代的精神力量,让红色基因代代相传。近年来,天津城建大学在依托革命丰碑展馆培育时代新人的过程中,进一步加强了思想政治工作体系建设,不断丰富了场馆思政的育人元素,持续开发了场馆育人资源,也产出了较为丰硕的思政和科研成果。学校各级党组织和各单位、部门都在为进一步聚力"大思政课"建设,构建高质量的"三全育人"工作体系持续用力,积极挖掘新元素、创新搭建新平台,全面提升红色场馆的协同育人效能,进而能更好地的发挥其教育功能。

　　在这样的整体背景和氛围影响下,我们经过多次座谈,碰撞思维火花,大家的想法不谋而合,都希望能够更好地整合学校各方资源,凝聚集体的智慧,遂有出版本书的行动。在本书编辑和出版的过程中,同事们各司其职,各负其责,多方合力,多管齐下。他们或撰写提纲,或联系出版社,或征集稿件,虽日常工作繁杂,但却都为本书的编纂和出版乐此不疲。在此,要特别感谢党委学工部的部长王健、副部长王菲,党委宣传部副部长何慧琳,建筑学院副院长李小娟以及马克思主义学院副院长桂锦峰,更要感谢积极投稿的广大辅导员、思政课教师和宣传工作干部,《丰碑永镌——高校场馆育人作用开发精品工作案例》即是在此过程中成就的。

在拜读一篇篇优秀的案例时,不禁感叹老师们弱管染翰成锦章,挥毫泼彩有墨花。他们或聚焦专业课教学,潜心研究将红色资源融入课程的有效路径;或是积极探索红色文化传播的新载体,发挥馆校协同合力,进一步发挥红色文化铸魂育人的功能;抑或是尝试拓展延伸实践育人的半径,带领学生走出校园走进社会去长见识,长才干,用形式多样的红色研学实践增强学生的爱国爱党情怀。每一篇案例都凝聚着老师们的智慧、汗水和用心,这些生动活泼、角度多元、形式丰富、可操作性强的案例,都是在老师们教学、科研和实践过程中不断摸索出来的,形成了可复制的经验做法,有很好的借鉴意义。

红色基因是社会主义核心价值观的丰富滋养,是中国共产党人的精神内核,也是中国精神和中国价值的重要来源。传承红色基因,赓续红色血脉,对于高校来说,使命重大,义不容辞。未来,我们在持续加强革命丰碑展馆建设方面,需要做的还有很多,要持续用力,久久为功。要聚焦"顶层设计",进一步强化制度保障,强化"场馆育人"组织领导、师资队伍建设、思政课建设、考核评价等制度体系的整合协调,凝聚育人合力,增强育人的整体效应。要聚焦"育人模式",坚持"引进来""走出去""强互动""数字化"相结合,将红色资源深度融入思政课程和课程思政教学内容、校园文化建设,积极开展"沉浸式""体验式"研学实践活动,推动革命丰碑展馆与天津市乃至全国优秀红色场馆共建互促,"数字赋能"共同推动红色场馆育人向纵深发展。还要聚焦"队伍建设",积极建设一支数量充足、结构合理、素质优良的教育者队伍,广泛动员思政课教师、专业教师、辅导员、党政干部、宣讲团成员、劳动模范、新时代先进人物、优秀学生骨干等各个类型融入"大师资体系",形成全员合力。在资源挖掘和整合的过程中,让红色文化资源浸润高校教育教学全过程,在红色文化传承中为学生铸魂,为国家培养社会主义合格建设者和可靠接班人。